10年後の仕事図鑑

落合陽一
堀江貴文

新たに始まる世界で、君はどう生きるか

SB Creative

湯婆婆は相手の名を奪って支配するんだ。
いつもは千でいて、本当の名前をしっかり隠しておくんだよ。

（「千と千尋の神隠し」　スタジオジブリ・宮崎駿・２００１）

はじめに

なぜ今、人生のグランドデザインを考え直さなければいけないのか？

堀江貴文

僕は、未来のことを考えるのが嫌いだ。未来を想像したところで、その通りに実現することなんてありえない。未来を想像して怯えるなんて暇人のやることだし、今を懸命に生きることが大事だと思っている。

しかし、世の中の多くの人は、ＡＩ（人工知能）に仕事が奪われていく未来を肯定できないらしい。ＡＩが単純労働を代替し、人間が好きなことだけをやって自由に生きられることを想像できないようだ。

でも、よく考えてみてほしい。1度きりの人生に、不安を持ち込むことに何の意味があるのだろうか。今この一瞬に全力で向き合い、心の底から楽しむことが、命を与えられた私たちの使命ではないのだろうか。僕には、未来を悲観して足をすくめている時間など、1秒たりともない。

これからは、自分で生き方をデザインしなければならない時代になっている。「こんな人生が幸せである」といった理想の人生モデルが崩れかけているのだ。

大学を出て、結婚して、会社に就職して、子どもができて、家や車を買って、引退して、年金で悠々自適に生活して……といった生活を送ることは、もうほとんどの人にとって無理な話だろう。

インターネットが世界を狭め、グローバルにつながった現代に、〝画一的な幸せのロールモデル〟は存在しない。これを悲壮なことだととらえるのか、素晴らしいことだととらえるのかはあなた次第だ。あなたの心の持ちよう次第で、未来なんていかようにも変えていける。

本書は、皆さんが激動の時代を力強く生きていってほしいとの願いを込めて、盟友落合陽一君とともに筆をとった。

Chapter1とChapter5では、**過去に築き上げられた〝常識〟が通用しない、現在のありよう**を詳細に記述した。AIが人々の仕事を急速に奪い、社会を瞬く間に刷新していく事実を肌で感じてほしい。

ＡＩが台頭する21世紀には、ＡＩに価値を「奪われる」人と、ＡＩで価値を「生み出す」人の２種類がいる。前者に当たる、会社にしがみつこうとする〝会社員マインド〟の人間がどれほど愚かかを、忖度(そんたく)なしでお話しした。

落合君はこうした人を〝湯婆婆(ゆばーば)に名前を奪われた人〟と表現している（湯婆婆とは映画「千と千尋の神隠し」に出てくるキャラクターだ）。もし自分がこれに当たるのであれば、本書Chapter6を参考に、人生のグランドデザインを描き直すべきだ。

また、Chapter2では、これから**「なくなる仕事」**と**「減る仕事」**を経営者としての視点と、ＡＩを作る側の視点からイラストつきで紹介している。Chapter3では、それとは逆に**「生まれる仕事」**と**「伸びる仕事」**を紹介した。

過去に後悔することにも、未来を想像することにも本質的な意味はないが、今を一生懸命に生きるための指標として利用してほしい。

Chapter4では、働き方の変化に伴う経済、特にお金の変化を説明した。会社を経営して知ったお金の本質について、かなりリアルな話ができていると思う。**貨幣中心の経済から、信用中心の経済へとシフトしていく流れを知り、社会の変化に取り残されることがないようにしてほしい。**

終章となるChapter6では**「人生のグランドデザインを描く術」**をお話ししたわけだ

が、〝ピュアな情熱〟に導かれた、自分の人生を生きる本田圭佑選手を例に挙げ、自分の〝好き〟を基盤に世界を広げていく人生の素晴らしさを詳細にお伝えできていると思う。落合君は、自著『超ＡＩ時代の生存戦略』（大和書房）も参照しながら、これからの生存戦略を丁寧に説明してくれた。

最後には、僕と落合君からメッセージを残している。Chapter 1から順に読み進めていただければ、これからの未来にワクワクし、読了後の人生が輝き出すことだろう。

なお、タイトルに「10年後」とあるが、実際には「いつこうなる」などと断定することはできない。10年か20年かと思っていたら、数年後ざっくりこの話を追い越してしまうような出来事も起こるかもしれない。読者の方には、今後の大きな流れの中の可能性として、読んでいただけたらと思う。

すでに僕の頭の中には未来の姿があって、今、目の前の現状にもどかしく思うこともある。読者の皆さんには、僕が見ている未来の一部を知ってほしいし、これからの時代に踏み出していってほしい。

いつの時代も、信じられるのは自分だけだ。本書が、自分の力で未来を切り拓いていく一助になってくれたら、それ以上に嬉しいことはない。

Chapter 4

お金の未来 ― 〝マネー〟としてのお金は廃れ、信用が価値を紡ぐ時代へ

Chapter 5

日本の幸福と社会について――学校・高齢化社会・テクノロジーの未来を考える　179

Chapter 6

ピュアな情熱に導かれた〝自分の人生〟を生きよ

Chapter

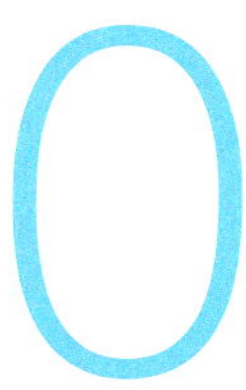

激動の時代を生きるあなたへ

OCHIAI'S POINT

「普通」が「普通」でなくなる時代

社会が急速にアップデートされていく中で、「これまでの普通は、これからの普通でなくなる」ことを大前提として理解しておこう。

時代を遡ると、**ヨーロッパ的西洋**[*1]の**近代思想**[*2]の基本は、人間観を定義することだった。宗教（＝社会システム）が誕生し、冠婚葬祭のしきたりや働き方が規定されるようになった。「人間とはどういった存在であるのか」を定義するフランス人権宣言が制定されたのは１７８０年代のこと。このときから職業選択の自由や、キャリアといった考え方が生まれ、「人はすべてすべからく社会の中で何かにならなくてはならない」といった思想が生まれたのである。およそ３００年の時間をかけ、**君主制**[*3]（それまでの普通）が普通でなくなり、新しい「普通」が始まったのだ。その中には、現代にも通ずる「普通」も含まれている。

現在は、この３００年間の変化に匹敵する出来事が、15年ほどの期間で起ころうとしている。

タイムスパンが技術発展[*4]とその市場サイズの拡大に応じて短くなりつつあることを、頭に入れておいてほしい。

たとえば、**インターネットが登場したことで**[*5]**「ローカルな人と人の関係」で完結していた社会システムが「人と機械の関係」にまで広がった。**コンピュータサイエンスが発達したおかげで、人間の認知能力より優れたカメラやマイクを搭載した携帯電話とそれによるエコシステムが生まれた。

こうして社会システムが変化したことを鑑みれば、それまで我々が普通だと思っているものは、大抵誰かが言い出した**「発明」**[*6]にすぎないことがわかる。「こんな職業になりたい」、あるいは「会社に行かなければならない」といった願望や感覚も、ある種の「発明」なのだ。

「普通」という擬態は一見社会にとって正しそうに見えるが、実は正しさ自体は更新され続ける発明だ。不正解ではないにせよ、「普遍」の意味で「普通」ではない。社会のあり方が変わるなら、普通を定義し直したほうがいい。

仕事とは、社会システムの要請によって生まれるものだ。つまり、現在多くの人は、高度経済成長以後過去40年間の古い社会システムの要請によって生まれた仕事に就いているというわけだ。そうした仕事は新しい社会において不必要なため、存在しないほうが効率的とさえいえるものもある。つまり、ある意味で「なくなる仕事」に分類されるのだ。

たとえば、インターネットが成熟し、次の世代のＡＩが当たり前に機能する未来に旧来の管理職はいらないかもしれない。人を雇うよりも、今のコミュニティサービスのようにＡＩを利用して一括管理したほうがコストが安いのは明白だからだ。**ＡＩと総称される最適化処理**[7]が人間のあらゆる仕事を代替するようになれば、「余人をもって代えがたい」とされる経営者だって駆逐される可能性は大いにある。それは、恐れとして避けるものではなく、適応すべき**「自然」**[8]である。

HORIE'S POINT

AIに仕事を奪われても なんら問題はない

ＡＩや技術の発達により、今まで人間がやっていた労働を機械やロボットが肩代わりしてくれる時代が必ずやってくる。たとえば、食器洗浄機やロボット掃除機によって、面倒な手仕事は世の中から消えつつある。また、精密機器の製造もすでに人の手を離れた仕事の一つで、部品作りはすでに自動化されている。

人間の労働が機械によって代替される事例が増えるにつれ、「ＡＩに仕事が奪われる」といった悲観論を最近よく聞くようになった。仕事がなくなる、お金を稼げなくなると、生活に不安を感じている人もいるだろう。

ただ、もしそうなっても、なんら問題はない。人間がやらなければならなかった仕事の時間が減り、自由な時間が増えるだけの話だ。さらに、生活コストはどんどん下がっていくので、何も無理に働いてお金を得る必要もなくなっていく。

たとえば、農業は人の手間を減らしながらも収穫量が増えている。今後は、さらに手がかからなくなるのだから、食費は今以上に安くなる。お金がなくても十分に食べていけるようになる世界は、そう遠くない。ロボットが社会全体の富を自動的に作り出し、個人に利益をもたらしてくれるのだ。

では、その浮いた時間で何をすればいいのか？ ひたすら好きなことをしていればいいのである。もしかすると、「好きなことばかりしていたら、仕事が減り、収入が減る」と言う人がいるかもしれない。たしかに、生活するにはまだまだ一定の収入が必要な時代だ。ただ、そういった人たちには、「現代は好きなことでお金が稼げる時代だ」と教えてあげよう。

自分の「好き」という感情に、ピュアに向き合い、ひたすらに没頭すれば、いつかそれは仕事になる。

これからの時代において、「仕事がないから、収入がない」というのは、言い訳に過ぎない。**誰にとっても、仕事は「引き受ける」ものから「作るもの」へと変わっていくのだ。**

インターネット革命以降、仕事のあり方も、収入を得る方法も、すべては変わったのである。もともと幻想だった旧来の道徳や常識、安定志向も通用しない。そもそも労働なんて、キリスト教において、人間に課せられた罰則なのだ。

OCHIAI'S POINT

自分自身に価値をつけフォロワーを獲得せよ

英オックスフォード大学のマイケル・A・オズボーン准教授が発表した論文『雇用の未来―コンピューター化によって仕事は失われるのか』をご存じだろうか。同リストによれば、**ディープラーニング**[※9]の発達により、レジ打ちや事務作業などの単純労働はおろか、頭脳を働かせる知的労働でさえ、その多くがＡＩとロボットに置き換わると予測されている。批評的に考えれば、正しさも、誤読もあるだろうが、長期的にこの視座は意味があると考えている。

これを見ると「ロボットやＡＩのほうが、人間よりもはるかに精度の高い作業や思考ができる」未来において、私たちはどう働き、どのように生きていけばいいのだろうか？と嘆く人もいるかもしれない。

答えは１つ、存在自体にヒトに対する訴求力がある人になればいいだけだ。

これからの未来においては、〝何物でもない人間〟〝貢献度の低い人間〟の価値はどんどん下がっていく。だから自分自身に価値をつける、すなわちより多くのフォロワーを獲得しなければ、市場価値のない人間になってしまうだろう。

これからは「他人と違うことをやっていくことを基本にする」**ブルー・オーシャン**[*10]的な思考と戦略を持って、画一化されていない個人の訴求力と相互的なフォロー・フォロワーシップによる共依存関係を持つべきだ。

自分しかそれをやっていないけれど、それが正しいと信じ、競争することをやめる。もし、誰かが自分と同じようなことをしていたって、気にする必要はない。「先を越されたから」とか、「先を越されそうだ」ということを考えるクセは、根本からなくしたほうがいい。

ただ愚直に、そこから先に自分がどういう価値を足せるのかを考えるマインドセットでいけばいいだけだ。オズボーンのリストなどは、いわば今後金をとって行動するわけではなく、多くの人が楽しんだり相補的に受け持つ「趣味リスト」のようなものなので、気にすることはまったくない。

1つの職業にはまるな

ただ、オズボーンのリストから1つ学べるのは、このリストに挙げられている職業を少しでも広く、なるべく多く分散してやっておいたほうがいいということ。

たとえば僕がこのリストにあるほとんどの仕事を0・3%ずつくらいやっているとする。そして、この中の1つの仕事を「そこそこのプロ」としてやっている人と、その長期的な生存率を比べると、多分僕のほうが勝る可能性が高いだろう。

理由は今後テクノロジーが入ってくることで、0・3%の僕と、100%のプロの間のクオリティの差が少なくなるからだ。

だとすれば、リスクヘッジをしているほうが有利ともいえるし、先入観なく多くのことに挑戦したほうが広い視点を持てるので、大きな絵を描きやすい。そして、それは希少価値につながりやすい。

1つの仕事の専門性を高めるだけでは、つぶしが効きづらくなるともいえる。

好きでやっているのならまだしも、やらされてやっているような職業である場合、その時間の浪費は人生の損失であり、好きなことや楽しいことを突き詰めてニッチトップを目指したほうが人生が楽しくなるのではないかと思う。

ぜひ自分の好きなことを探して、今までにはない組み合わせと掛け合わせて、自分なりの新しい分野を作っていってほしい。

激動の時代をいくあなたに伝えたいこと

これからの時代において、権威はもうアテにならない。今までは、ただ敷かれたレールの上を走り、権威が言うことを信じていれば、幸せな人生を送れたかもしれない。しかし、マスメディアが流す情報を鵜呑みにし、企業の方針に従っていればよかった古い時代が終ろうとしている。

インターネットが社会を刷新し、誰もがスマートフォンを持つ時代は、何を意味しているのだろうか？　世界が急速に小さくなり、**これからは〝日本のあなた〟ではなく、〝世界のあなた〟として生きていかなければならない**のである。周りの顔色を見て自分を演じているようでは、当然「価値のない人間」になってしまう。

こうして現実を突きつけられると、不安に思う人がいるかもしれない。しかし、未来に悲観することはない。あなたの心がけ次第で、人生はいかようにも変えていける。

未来が不安なんて暇人の言うことだ。

＊1 **ヨーロッパ的西洋**　日本語での「西洋」という言葉にはアメリカも含まれる場合が多いが、ここではヨーロッパのみを指しているという意。またはヨーロッパ的一神教的価値観。

＊2 **近代思想**　社会契約と国民国家、国防と納税と労働と社会福祉に基づいて国家を運営し、権利や人権など、「人間を中心とする視点」を作りうる人間観のこと。

＊3 **君主制**　君主が統治の全機能を持ち、それを自由に行使するという時代に培われてきた常識や物の考え方まで含めて使っている。

＊4 **技術発展**　テクニカルイノベーション。

＊5 **インターネットが登場したことで「ローカルな人と人の関係」で完結していた社会システムが「人と機械の関係」にまで広がった。**　グローバル化やIoT化によって、いつでもどこでもつながり、人以外が人に知的サービスを付与することができるようになったということ。

＊6 **発明**　新しい価値の源泉となるシステムや具材を生み出すこと。

＊7 **AIと総称される最適化処理**　AIとはコンピュータを使って、学習・推論・判断などの知能の働きを工学的に実現したものやその分野を指す総称。個別の手法名を用いるとき以外は、統計的判断や工学的演算によって判断を行なう装置やソフトウェアという文脈で用いている。「ソフトウェアがより効率よく働くようにコンピュータの評価関数を設定することで可能になるのが最適化処理という分野だ」という文脈で述べている。

＊8 **「自然」**　ここでは、人間と自然と機械を対峙させずに、人間や人工物も自然の1つという自然との共存を前提とした多神教的な自然観の下、「自然」という言葉を用いている。

＊9 **ディープラーニング**　多層のニューラルネットワークによる機械学習手法。GPUによる演算による高速化など、研究開発も多く行なわれている。特徴量の定義を行なう必要がない反面、データ量と計算機資源が膨大になるので実アプリケーションへの適応がまだ難しいものも多い。

＊10 **ブルー・オーシャン**　競合の多い分野ではなく、他人と違うことをやっていくということを基本にする考え方。自分しかそれをやっていないが、その分野の存在には意義があると信じることが重要。

Chapter

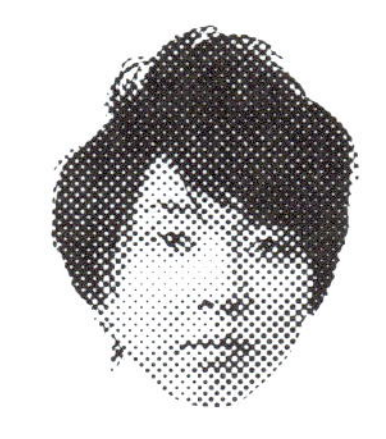

1

すべてが逆転する これからの働き方

組織から個人へ、労働から遊びへ

HORIE'S POINT

ＡＩで本当に仕事がなくなるの？

ＡＩに手が生えたとき、人間の単純労働は激減する

当たり前の話だが、ＡＩが発達していけば、コストの高い人間の仕事は順次代替されていく。Chapter0でも述べたように、すでにいくつかの仕事が人の手を離れている。

ただ、現在のＡＩは「人間の目と耳を代替する機能を持っている」に過ぎない。この先一番の鍵となるのは、**ＡＩが「〝手〟を持ったとき」**だと思う。

ペッパーなどのロボットは、相手が近づいてきたことを認識して話しかけたり、人の話を聞いて何か対応するということができるようになった。しかし、料理の盛りつけなどの細やかな作業は苦手。手を使って仕事をさせるまでには、まだ少し時間がかかる、といった状況だ。

ただし、ＡＩに「手」が生えると、人間の単純労働はほぼなくなっていくだろう。漫画家の細

『バディドッグ』©細野不二彦／小学館

野不二彦さんが描いた『バディドッグ』を例に挙げて紹介したい。バディドッグとは、ペットロボット「ＡＩＢＯ」を思い浮かべてもらえばいい。

話の流れは、ある日生まれたＡＩがペットロボット「バディドッグ」に乗り移り、身体性を持つことによって進化していくというもの。バディドッグは、現実世界で身体を得ることが進化の加速につながることを示している。

たとえば人間も、目と耳があるだけでは急速なスピードで進化することはできない。おそらく人間以外の動物が進化しない原因もそこにあり、犬やサルも、「知能は大体2〜3歳児ぐらいで止まってしまう」といわれている。理由として、脳の体積が少ないということももちろんあるが、身体性という意味でいうと、手を器用に使えていないのが大きい。
歩けるようになると手が自由になるため、多様なインタラクション（モノを持ったり、手を握ったり、字を書いたり）が可能になる。手でインタラクションができるようになると、知能は向上する。たとえば人間は空いた両手で文字が書けるようになり、文明を創ることができた。

逆にクジラやイルカなど、脳の体積が大きくても手が使えない生物の知能は向上しない。研究者の多くは、クジラがものすごく高度な知能を持っていると熱弁するが、結局次世代につなげるコミュニケーションをすることはできていない。

ちなみに「手」の指は5本が最適解だそうだ。物をつかむだけだったら、実は指は2本でできる。それでも3本以上ある理由は何かというと、持ち替えられるから。3本あればギリギリ持ち替えられるが、補助指があるとかなり安定するため、実際は4本あれば十分だ。5本目はバックアップみたいなものだといえる。

5本の指を自由自在に操れるハンドをＡＩが獲得すれば、人間の手は不要になる。身体性をもって外界とコミュニケーションをとるようになり、ますます急速に知能が向上していくことは間違いない。ほとんどの作業を機械が代替する時代の到来だ。

AIに職を奪われると思っている時点で搾取される側になる

こうした「AIが職を奪う」という事実に対し、否定的な反応を示すか肯定的な反応を示すか。しかし、はっきりいうが、**「AIによる職の代替＝不幸」のロジックを持つ人間は、自分の価値をAIと同じレベルに下落させてしまっている点で、ダサい。**

仕事を奪われ「価値を失うこと」を恐れる前に、なぜAIを使いこなし「価値を生み出す」視座を持てないのだろうか。

「価値を失う」ことに目がいくタイプの人間は、常に「使われる側」として搾取される状態にいることに気づかなければならない。AIが古い社会システムを刷新していけば、今、世の中の人が思っているような〝会社〟のありようは失われていく。

時代に合わせ、常に変化し続けられることが、これからの時代を生き抜く必須条件になる。

OCHIAI'S POINT

AIに「仕事を奪われること」で救われる業界もある

前章では、「社会のあり方が変わるのであれば、〝普通〟を定義し直すほうがいい」と述べた。AIやロボティクスに対して、僕が「作る側」に身を置いている理由を簡潔に説明するなら、「普通を定義し直すため」に必要なものを作り、肌感覚を時代に合わせて養い続けるためだと言ってもいい。

1950年代にノーバート・ウィーナーという研究者が上梓した『人間機械論』には、「人間は工場で人間的に利用されていない。なぜなら、もっと多くのことを認識してアクチュエーションしたり(自律的に行動したり)、認知能力を活用したりできるのに、ただ物を載せたりする単純作業にしか用いられていないからだ」という文脈で書かれている。

「AIに職を奪われる」と悲観する人は多いが、そもそも悲観的になっている人の職業自体、本来は人の認知能力に対して十分な仕事ではないということである。

日本が抱える多くの社会課題は、労働力不足とコミュニケーション不足があるがために、お金や人員が「適材適所」に割り振られていないことが原因だ。

たとえば、たびたび日本の課題として挙げられる介護問題。この業界は先のような典型的な人材不足が叫ばれている。その背景にあるのは、「介護の仕事＝低賃金」といった構図から脱却できていない現状だ。

本来、スタッフはケアサービスのためにいるのだが、搬送、安全管理オペレーションのための労働力が現実問題として不足していることにより、人々の搬送や輸送に、現状多くの時間を使うことになってしまっている。この問題は、労働力を適切な場所に配置できていない技術的課題にある。ケアの現場では、人々の輸送や移動および安全管理に多くのリソースを割きすぎているのだ。

少子高齢化による人手不足などをロボティクスの技術で解決し、人間にできることは人間がやる。この「半人力半ＡＩ」の考え方で少子高齢化問題の多くは解決できる。なぜなら、それは労働力不足と低賃金であることが主な原因だからである。

高齢者ケアの現場で、一番人的リソースが割かれるべきはどこなのかご存じの方は少ないだろう。それは、高齢者を車椅子からベッド、あるいは車椅子から便座への移動か、それぞれの場所での安全管理だ。実は、車椅子を利用している高齢者の約半数がこのちょっとした移動の間に転倒し、それによって足の骨を折ったり、後々のQOL（Quality of Life）を下げるような事故にあっている。そのため、そういった安全管理に何人ものスタッフのリソースが割かれる。

僕の研究している介護ロボットや、補助システムは、輸送や移動などの力仕事をしたり、事故がないようにカメラで監視を行なうことを主眼に継続的な開発が行なわれている。今まで何人ものスタッフが関わっていた仕事も、これからは、ロボットに不具合がないかを1人の人間がチェックするだけで十分になる。今後、介護事業者は時間の配分を再考すべきであり、人間にしかできない「サービス」という付加価値を提供するべきだろう。

人間がすべき仕事が「サービス」になったとき、あらゆる介護施設は「サービスの質」で差別化され、そこには競争意識が生まれていく。競争意識が生まれるということは、よいサービスをする人員を確保するために、介護士の賃金を上げるという意味でもある。介護ロボットの導入は、介護業界にある本質的な問題をいくつか解決できるはずだ。

会社の未来

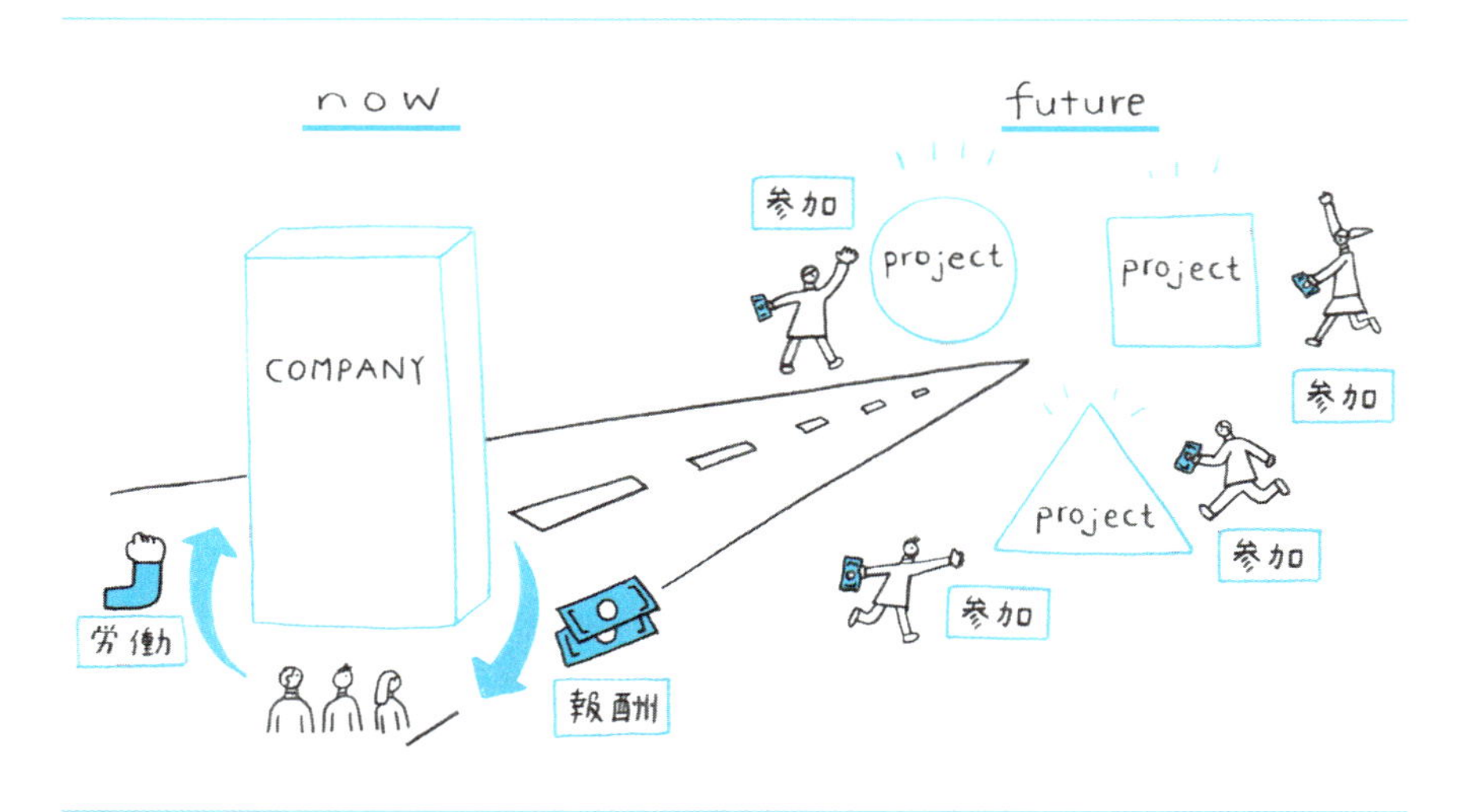

IT技術やAIによって労働者の数が少なくなれば、会社はどのように変化するだろうか。

従来の経営で業績が思うように伸びない一方、

たった数人ではじめたベンチャー企業が、急激に成長し、

ユニコーン企業となる例だって世界にはある。

また、「人生100年時代」といわれる中で、

1つの会社で定年まで時間を過ごすことへの疑問も生じてきている。

「未来の会社」について考えてみたい。

OCHIAI'S POINT

理想形は、労働者＝経営者

最近、「将来、ＡＩに職が奪われたら人間はどのように暮らしていけばいいですか？」という質問をたびたび受ける。たしかに、ＡＩが現存する職を代替することは間違いない。さらには、雇用され労働し対価をもらうスタイルは消滅していくだろう。

これを聞くと「会社がなくなる」ように感じるかもしれない。それは、あくまでも労働者視点の「会社」の話だ。経営者視点で考えれば、会社（法人）がなくなることはまずないだろう。

経営者視点でいう「会社＝company」[*1]とは、〝ギルド〟の考え方に由来する。ギルドとは中世ヨーロッパの、いわば「同業者組合」で、ギルド内の同業者メンバーが皆でお金を出し合い、価値あるものを作り、取り分を決め、そこに労働力を当てはめる枠組みをとっていた。つまり働く個人同士が、お金を出し合い、自分自身の仕事を決め、儲けた金額を分配していたのだ。

ここでポイントになるのは、同業者メンバーが〝皆で〟労働力を当てはめるという点だ。経営者が**トップダウン方式**[*2]で労働力を当てはめる考え方ではない。つまり、「労働者＝経営者」で、価値あるものを一緒に作り出そうと努力する考え方だ。

いわゆる労働者的な視点で会社と接点を持とうとしても、いずれその価値が失われることを理解しておこう。これからは「労働者＝経営者」の構図が理想的な働き方だといえる。これは**非中央集権や受益者負担**[*3]とも近しい考え方である。

会社における労働は、〝湯婆婆に名前を奪われる〟のに等しい

今日の会社では、入社時に大抵、労働契約というものを交わす。

会社と労働契約を交わすということは、ほとんどの場合「私がこの会社内で制作したあらゆるプロダクトの権利は、すべて会社に帰属します」と宣言していることに他ならない。つまり〝自分の名前を失う〟ということだ。どれほど自分が優れたプロダクトを生み出そうが、個人としての功績が積み上がっていくことはない。これは**ポートフォリオマネジメント**[*4]**として時間の消失に他ならない。**

スタジオジブリの映画「千と千尋の神隠し」で描かれた、主人公の千尋が湯婆婆に名前を奪わ

れるシーンを想像してほしい。あのシーンこそが、「雇用」という概念の縮図だ。

誰もが当たり前のように雇用されることを望んでいるようだが、名前を奪われることの危険性に気づいたほうがいい。「会社に属する＝給料をもらう」といった考え方には、誰かが異議を唱える必要がある。功績が自分に属するような働き方ができないのなら、会社員はほとんど奴隷と変わらないといっても過言ではない。

僕が尊敬するトーマス・エジソンを例に挙げて説明しよう。エジソンは稀代の発明家として後世に名を残したが、彼がもし会社員だったら、誰にも名前を知られることがなかったかもしれない。なぜなら、たとえエジソンの発明した蓄音機でも、〇〇会社の蓄音機として認知されてしまうことになるからだ。

このように血と汗の結晶だろうが、その功績は会社のものになってしまう。その点で、論文に著者の名前が記述される現行の大学のシステムはフェアだといえる。ここでの仕事はキャリアに残るからだ。

会社の寿命は、人よりも短い。だから、今のタイミングで会社にしがみつく必要はおそらくない。これから先、他人と同じこと、すなわち「競争する」ことが決まっている領域は、データさえ揃えば機械のほうが強くなることは必至だ。「今、誰が何をやっているのか」ということは、インターネットを調べれば大体すぐにわかる。競合他者がいないかを徹底的に調べ、他人と違う自分の「価値」を認識する。そして、淡々とやっていくということを基本スタンスに据え、人生価値を差別化するサーヴェイの上に「ブルー・オーシャン」を求める思考こそが必要になる。

好きなことで価値を生み出すスタイルに転換し、利潤を集めていくことが可能になれば、どこでも活躍の場を見つけることができる。

HORIE'S POINT

お金を払ってまで仕事をしたくなる会社はつくれるか

僕はかつて会社を経営していたが、給料を払って社員を雇うことが最適解なのか考え直したくなった。会社勤めを望む人間の多くはネガティブであり、組織にネガティブ脳の人間がいていいことはない。会社経営を通じて、おおよその仕組みが理解できたので、より優れたシステムを作ろうと考え、オンラインサロン「堀江貴文イノベーション大学校（ＨＩＵ）」を立ち上げた。

ＨＩＵでは、「月額１０８００円の会費」を払うことで「月2回の定例イベント」ほか、様々なイベント、交流会、勉強会などに参加する権利が得られる。お金を払って参加するくらいだから、参加者は大抵ポジティブ脳だ。月額１万円の参加費を設定することで、事前に変な人が来ないようフィルタリングをかけることもできている。

そして、彼らの中には会費を払いながら、僕の仕事を手伝ってくれる人もいる。たとえば2016年の12月に発売された、僕のライザップ体験記『みるみる痩せる!! 堀江式ライザップ』(幻冬舎plus+/Kindle版)の表紙デザインは、HIUのメンバーが担当してくれた。

一般的に、プロのデザイナーに書籍の表紙デザインを頼めば十数万は確実にかかる。しかしメンバーは「僕の書籍に携われるなら」と、会費を払いながらも喜んでデザインをやってくれるのだ。

デザインを担当してくれた彼は、僕の本の表紙を手がけることで、自分の知名度が上がったり実績を積み上げられたりというメリットを最初から理解している。

また、HIUでは僕の考えた事業アイデアもどんどん形にしてもらっている。なかには、日本酒造りのプロジェクトに本気で携わりたいと、大手企業をやめてしまった人もいる。

そうやって事業化したものについて、収益が出れば参加した人たちで回収するし、僕もみんなにアドバイスをしている。

この仕組みを従来の会社と比較してみよう。

今までの会社は、給料をもらって与えられた仕事をするのが普通だ。最初は選んで入った会社かもしれないが、与えられた仕事に不満を持ち、モチベーションが低くなる人も少なくない。

一方、HIUは、会費を払うが、自分がやりたいことに手を挙げてかかわってもらう仕組みだ。みんな自主的に参加しているため、モチベーションも高い。ちなみにリーダーは、一番最初に手を挙げた人になってもらうことにしている。

そして収益が出れば、分配もするし、そこで事業のアイデアを見つけて、起業してしまう人もいる。**より自分の意志に任される仕組みで、みんながモチベーション高く仕事に携わることができる。**

会社員の未来

仕事や会社が変われば、「会社員」そのものも変わっていくだろう。

個人でできることも増えている今、

会社にしがみつくというよりも、「個人で仕事をしてもいいんだけど、

会社にいるほうが自分のやりたいことができるから、会社にいる」

などと、自発的に会社を選択する人も増えるかもしれない。

むしろ、そのくらいの意識がないと会社に残ることすら難しい可能性がある。

でも、安心していい。会社に頼らず仕事をする仕組みはいろいろある。

HORIE'S POINT

「無給でも働く」新しい社員の形

落合君が言うような、「会社員的思考で働くこと」は、たしかに危険だ。しかし、組織に所属することが自分にとっての価値になるのなら、会社勤めも悪くない。

僕の書籍を何度か編集してくれている幻冬舎のヒットメーカー・箕輪厚介（みのわこうすけ）君は、会社をうまく活用して自分の価値を積み上げた代表例だ。彼は会社に勤めながら個人でもオンラインサロンを主宰し、1000名を超えるメンバーを率いている。数え切れないほどのプロデュース案件も回しており、会社から支給される給料の数倍の収益を上げている。しかし彼は、「幻冬舎の給料がゼロ円になっても会社を辞めない」と断言している。

彼は、編集者として生きていく上で、「幻冬舎の社員であること」に大きな意味があることを理解している。幻冬舎のインフラをフル活用し、いつでも自分の作りたい本を出版できる環境を使いながら、自分の名をブランド化しているのだ。

もちろん、彼のように優秀な編集者が組織内にいることは、幻冬舎にとっても大きなメリットがある。理由は単純で、彼の作った本は飛ぶように売れ、会社に多額の利益をもたらす上に、会社の中にいては得られない時代の最先端の情報や人脈を外から持ってくるからだ。

「ホワイトカラー正社員」は過去のもの

そもそも会社を設立するメリットといえば、投資家からお金を募るためにある。会社は個人よりも信頼があるため、お金を集めやすい。資金は成し遂げたい大きなプロジェクトを遂行するために用いられ、その1つの例が給料を支払って労働者を雇うこと。労働者は、労働力（知力）を切り売りすることで対価（金銭）をもらっている。今までは、この構図が当たり前に成り立っていた。

しかし現在、そうした構図も変わりつつある。1つ例を挙げて説明すると、海外ではツイッターで個人が動画広告を配信できるようになった。

自分が動画を投稿すると、これを収益化するかどうか尋ねられる。収益化を選択すると、動画を視聴者が見る前に5秒10秒と、広告が流れる。その収益が分配される仕組みだ。すでに、月に100万円以上の利益を出す人も出はじめている。

もはや、1人でAbemaTVが作れる時代だ。

20年前に僕がネット広告の配信システムを作ったときは、サーバーを組み立てて、コードを書いて、全体のシステム設計をして、プロトコルを作って……と様々な作業が必要だった。今では簡単に利用できる動画配信アプリがいくつもあるため、当時の状況とは雲泥の差だ。大変な準備や労働なくして、事業が成り立ってしまうのだ。

そんな時代に何が起こるのかというと、労働力を提供して資金をもらっていた人間は、たとえホワイトカラーであっても価値がなくなっていく。10年後なのか、20年後なのかはわからないが、一生懸命プログラミングを覚えたとしても、ただ労働力を提供しているだけでは無意味になる。もはやそんなホワイトカラーの正社員は、会社にとって負債になるのだ。

OCHIAI'S POINT

実はブルーカラーがホワイトカラーよりも有利な点

すでに職務内容が定型化されているブルーカラーの派遣社員は、ホワイトカラーの正社員に比べて利点もある。どこで、どれだけ働けば、いくらもらえるかがわかるため、容易に人生観測ができる点がそうだ。最初から「ある要素」にしか価値を提供できないとわかっているので、自分の経済価値が算定しやすくなるのだ（時間給という視点からは、芸能人もある意味ブルーカラーである）。

ホワイトカラーの正社員は、万能な人材として雇ったはいいものの、実は能力がないことなんてザラにある。そうすると、雑用こそに価値があることに気づくだろう。

その意味で、堀江さんの言う通り、「食いっぱぐれない」職だといわれているプログラマーも、いずれは安価で使える労働力になる。現に僕はエクセルが使えれば、プログラミングもできるし、AIも扱えると思っている。

無論、自らの「労働」によって価値を生み出さない、会社というマネタイズエンジンに乗っかっただけのホワイトカラーに価値はない。不動産屋のように、見積もりを算出して物件を紹介するだけの仕事は、すぐになくなっていくし、その兆候はAirbnbなど多くの場所で現れている。

今後、提供価値が見えづらいホワイトカラーの正社員は、ブルーカラーに転じ、1時間いくらといった時間換算できる仕事を提供するのか、もしくは会社にとって重要な経営陣を目指すのか、毎回解き方が違う問題を扱う人になって、より高度な価値を提供するのか、いずれかの選択肢を選ぶことが求められるだろう。これは**「適応」**[*5]である。

「保育士問題」にみる、みんなが幸せになる働き方

先ほどのＨＩＵで起こった事例に象徴されるように、「仕事を得る＝会社に勤める」といった、かつての常識は音を立てて崩れ去っていく。個人差はあるにせよ、会社に勤めることが働き方の最適解ではないのだ。

たとえば、昨今流行りの「パパ活」がわかりやすい。パパ活とは、そもそも女性が金銭的に支援してくれる男性をつくることで、食事やデートをしてお金をもらうこと。かつて女の子とお金を持ったおじさんが交流する場はキャバクラくらいしかなかったと思う。しかし、人々が当たり前にスマートフォンを使うようになり、ＩＴリテラシーが高まったことで、需要（ほしい人）と供給（提供する人）がダイレクトにつながるようになった。

キャバクラの市場規模はおよそ１兆円だが、今ではマッチングアプリを介せば定額でメッセージが送り放題であり、いつでも会うことができる。

「働く」という概念からは逸脱しているかもしれないが、女の子は「水商売をしている」という罪悪感を抱かなくていいし、そもそも月5万〜10万円出すような人には、そんなに変な人もいないだろう。パパも不当な金額を請求されることもない。

いわゆる〝王道〟とされたビジネスモデルが、テクノロジーによって当たり前ではなくなっていく例として、昨年の僕の「炎上事件」も紹介したい。

僕がツイッターで「保育士は誰でもできる仕事」だとツイートしたところ、大炎上した。「自分の子どもを育てた経験のある人なら、誰でも子どもを育てる能力がある」というのが本旨だが、「大変な仕事です」などと的を射ない反発が次々に寄せられたのだ。

ただ、あの炎上事件は、これからの働き方に重要な示唆を与えたのではないかと思う。

問題になっていた保育士の給料が上がらない原因として2つの要因がある。

1つは、誤解を恐れずにいうが、それは間違いなく「誰でもできる仕事」だからだ。そもそも保育園がなかったときは、誰もが自分の手で子どもを育てていたわけである。その意味で保育は、たしかに大変ではあるかもしれないが、「誰にも代替できない仕事」であるというわけではない。そして、そのような仕事は、数多くある。たとえば、タクシーの運転手だってそうだろう。

資格はいるが、運転スキルさえあれば誰だって運転手ができる。

また、保育士の給料は、地方公務員の規定に従って決められているので、自分たちで給料を上げようと思っても、なかなか上げられない。その意味で、「安い」と文句を言っていても、どうにもならない部分はある。


しかし、実は簡単に上げられる方法がある。それは、CtoCのサービスを使うことである。

たとえば、ベビーシッターのマッチングサービス「キッズライン」をご存じだろうか。ユーザーは1時間1000円からベビーシッターサービスを利用できる。サービスを提供する側は、審査に通過していれば特別な資格を必要としない。こうしたサービスに登録して仕事をすれば、中間搾取されないし、場所代も必要ないので、自分の取り分も上がるというわけ。これは、**仕事の**「Uber化」といえる。

カーシェアリングサービス「Uber」[*6]が日本に導入されたが、すべてのタクシーがUberに置き換われば、間違いなくドライバーの収入は上がるだろう。中間搾取をする人間がいなくなるのだから、当然だ。

こうしたCtoCサービスは、既存のビジネスモデルを大きく変える可能性を秘めている。ミスマッチがなくなり、需要と供給が最適化されていく。今後、こうした事例はますます増えていくだろう。

ひとくちに「保育士」といっても、その働き方は変わりつつある。もし、公立の保育園で働くのが嫌なら、こうしたサービスに登録して稼いでもいいわけだ。

現場で働いている人たちは文句を言うばかりだが、こうした仕事の仕方を検討したことはあるのだろうか。

よく、この手の問題を解決しようとすると、「政治を動かして補助金を出す」ような伝統的な方策がとられがちだ。しかしそれでは、抜本的な改革にはつながらない。国に不平不満を言う前に「どうすれば現状を改善できるか」を考えたほうが、日本にとってよっぽどいいのではないだろうか。

保育園の話が続いて申し訳ないのだが、保育園の壁に貼られている装飾も、保育士がほとんど時間外のボランティアのような状態でやっているそうだ。でも、それが本当に園児にとって必要なのかというと、タブレットでも渡しておいたほうが園児は喜ぶかもしれないし、それこそ効率化できる部分かもしれない。

速く安く働くやつがいなくなれば、オートメーション化が進む

「保育士」の問題については、本当に「嫌ならやめろ」に尽きる。

「介護の仕事が大変だ」「保育園の仕事がつらくてやめたい」

「でも、誰かがやらないといけないから、今ここで働いている」

といった人も少なくないだろう。

しかし、そんな仕事ならやめたほうが、よっぽど市場原理が働く。

人手がなくなれば、なんとか人を集めようとして給料を上げるだろうし、機械化してそもそも面倒な仕事がなくなる。


速く安く働くやつがいなくなればなるほど、オートメーション化も進む。

さっさとやめたほうが、業界のためになるのだ。

くら寿司の〝半人力・半機械〟がこれからの最適解

堀江さんが言っていた「保育園の飾り作りの機械化」であるが、これは、「くら寿司化」とも言い換えられる。

くら寿司は、従来人がやっていたサービスの半分を機械がオートメーションで行ない、人間は機械と機械の間に入る調整役になっている。

まず、客が入ってきたら、席の案内は人間が行なう。客はタブレットから注文を行ない、それをコンピュータが一元管理、人間は指示された商品を出す。席には食べ終えたお皿を入れるポケットがあり、客がそこにお皿を入れると、自動的に皿の枚数がカウントされる。これにより、店員が1枚1枚数える手間を省いているのだ。

また厨房内でも、機械と人間の分業が行なわれている。シャリを握るところまでは機械がやるが、その前の酢飯を作ったり、ネタをのせて軍艦にしたり、握りにしたり、巻物にしたりといった部分は、人間が担う。こうした半人力、半機械のオペレーションを敷くことで、人的コストを下げているのだ。この結果、多くの人に高品質の体験を提供するという意味で大きな価値を生み出している。

人材の確保に関しても〝くら寿司化〟するといい。くら寿司は、店舗の人員が不足すると、一箇所から派遣するオペレーションを敷いている。

「Uber化」と「くら寿司化」。その片方、もしくはハイブリッドで使うことで、保育園のみならず、業務改善できることは多いと思う。

そして、こうして適切な**テクノロジーによる「進化圧」および市場による「淘汰圧」**[*7]をかけてあげることで、**「不当に搾取されたと感じる労働者」**[*8]も、より効率的に働ける道が開ける。

なお、みんな「炎上」をネガティブに考えているようだが、議論を喚起するという点において、本来それは正しいことなのではないだろうか。「炎上」はポジティブな議論の契機と捉える視点が肝要に思える。

「働くこと」の未来

最終的に、「働くこと」は「遊ぶこと」に近づいていくと思う。
ほとんどの仕事がAIやITに取って代わられたとしたら、
人間がやるべきことは、そもそもそれほど
なかっただけのことかもしれない。
ここでは、新しい「働き方」についてまとめておきたい。

HORIE'S POINT

「収入源」という概念がすでにおかしい

「仕事が奪われる」とか意味のない心配をしている人に言いたいのだが、まず「収入源」という概念がおかしい。そんな考えは捨ててしまっていい。

僕が「働かなくてもいい」と言っている背景には、「本当に働かなくても生きていける」ということと、「労働をしなくても、遊びを極めることでお金が稼げる」という2つの意味がある。

順を追って説明しよう。「本当に働かなくても生きていける」ということの代表的な考え方の1つが「ベーシックインカム」だ。

「ベーシックインカム」とは、政府が国民に一定額の現金を支給する制度のこと。就労や資産の有無にかかわらずすべての個人に対して、最低限必要なお金を無条件で給付する制度を指す。2016年6月にスイスがこの制度の導入を国民投票で問い否決されたが、日本では導入するべきだと思う。

この世の中には「働く」ことが不得意な人間が一定数いる。そうした人たちに労働を強いるより、**働くのが好きで新しい発明や事業を考えるのが好きで本気で働きたい人間にのみ、どんどん働かせたほうが効率がよい。**また、ベーシックインカムという最低限の収入が担保されたことで、起業など若者がチャレンジしやすい環境になる。

2017年10月に東京都の最低賃金が932円から958円に引き上げられたが、1円単位で上げていくようなことをするのなら、さっさとベーシックインカムを導入すればよい。僕はこのことを2009年の時点でブログで提唱している。

実は、多くの企業は不況時に無理矢理仕事をつくって雇用を維持した結果、赤字になっている。つまり、社員たちに給料を払うために社会全体で無駄な仕事をつくっているのだ。その中で、皆が労働信仰に支配されてイヤイヤ働いている。

だったら政府からお金をもらって好きなことをすればいい。そうすれば「絶対やらなきゃいけない」種類の仕事の給料は上がるし、もし仕事がなくなったとしてもベーシックインカムがあるから安心だ。本気で働きたい人の勤労意欲も、おしなべて上がるだろう。

これから日本全体がよい方向に向かっていくためには、高給で働く能力のある人だけが高給取りとして働き、その能力がない人は国からお金をもらって好きなことをして生きていけばよい。そのほうが一人ひとりにのしかかるストレスも少なくなり、生産性も向上する。そもそも生活コストが下がっていくのだから、苦しい思いをしてまでお金を稼ぐ必要なんてない。**日本人が総体として幸せでハッピーに暮らせる方法を考えるべきだ。**

遊びに「没頭」しろ

これはすでに様々なところで言っていることだが、これからは「労働」をしなくても、遊びを極めることでお金が稼げる。

それも、限られた一部の人だけではなく、**誰もが「遊び」でお金を稼げるようになる。**現代の日本に蔓延(まんえん)している「やりたくないことを仕方なくやること＝仕事」という考え方は大きく変わるだろう。

ブロガーやユーチューバーやインスタグラマー……。ここ数年、ちょっと周囲を見渡しただけでも、以前は存在していなかった仕事を見かける機会は多い。特にネットでは、ユーチューバーが破竹の勢いで若者を中心に市民権を得ていっているのは、ネットを見ていればすぐにわかる。

彼らの中に、「金儲け」の手段として動画投稿をしている人間は少ない。日本一の人気を誇るユーチューバー・HIKAKINさんも、はじめは単に趣味だったビートボックスを多くの人に見てもらうことを目的としていた。

彼らのような「新しい仕事」で成功している人たちには、共通点がある。

1つ目は、まず**「作業にハマっていること」**だ。

ここでいう「ハマる」とは何か。「ハマる」とは、何かに「没頭」するということだ。ここに、好きではないものを歯を食いしばって「頑張る」という意味はない。「努力しよう。頑張ろう」と思って歯を食いしばってやったところで、平凡な結果しか得られない。

そのために必要なのは、自分の感覚を信じて、自分で方法を考えることである。自分で作ったルール、自分で立てたプランだったら、納得感を持って取り組むことができるし、やらざるをえない。**つまり、自分でルールを作ることで、ものごとに没頭でき、好きになることができる。**

多くの人は、好きになってから没頭するものだと思いがちだが、現実は違う。他のことを何もかも忘れて、「没頭する」。この境地を経てはじめて、「好き」の感情が芽生えてくるのだ。たとえば、「最初から好きだから、会計の仕事に没頭する」のではない。「会計の仕事に没頭したから、その仕事が好きになる」のだ。「没頭」さえしてしまえば、あとは知らぬ間に好きになっていく。

HIKAKINさんは高校生の頃にボイスパーカッションにハマり、放課後、周りがバスケットボールなどで遊ぶ中、1人、MDプレイヤーの前で録音する日々を送っていたという。HIKAKINさんの卓越したボイスパーカッションの技術も、高校時代の「没頭」する日々が生み出したものなのだ。

情報メタボになってはいけない

「新しい仕事」で成功する人たちの共通点の2つ目は、**「思いを持って毎日発信すること」**だ。やりたいことや、ハマれるものが見つかったら、毎日自発的に思いを発信し続けることが大切だ。それも「言われたからやる」「ノルマだからしぶしぶこなす」という姿勢で取り組んでいてはダメだ。稚拙でもいいから、読み手に「熱さ」が伝わるものでなければならない。ツイッターやインスタグラム、フェイスブック。動画ではユーチューブ、SHOWROOMや17Liveなど、今の世の中、ツールなんて山ほどある。

SNSを駆使して有名になった事例では、〝ゆうこす〟こと菅本(すがもと)裕子氏が有名だ。彼女はアイドルグループ・HKT48を卒業してから2年の間で主にツイッターやインスタグラム、ユーチューブをフィールドに活動。「モテるために生きてる」をコンテンツに若い女子を中心に大ブレイクした、いわゆる〝インフルエンサー〟だ。

彼女は活動の最中に、数多くの根拠薄弱な憶測や、心ないバッシングに襲われた。それでも彼女は、批判を恐れずに本音で思いを発信することを続けた。最終的には、そこに共感した人が集まり、現在〝ゆうこす〟のブランドは強固なものとなっている。

SNS上でアウトプットすることは非常によい訓練になる上に、より知識を深めることができる。最近では、SNSやネット記事を見て情報収集するだけの「情報メタボ」が非常に多い。得た情報をSNS上でアウトプットし、多くの人の意見を取り入れることで、より多角的な視座を手に入れることができる。「インプット」と「アウトプット」、両方のバランスがとれているとき、人は格段に成長できるのだ。

油断するな

「新しい仕事」で成功する人の最後の共通点は「油断しないこと」だ。

自分がハマれる好きなことが見つかり、情報のインプットとアウトプットも積極的にできている。

そんなときに大切になってくるのは、**「自分自身に油断しない」**ことだ。イチロー選手の活躍や言動を例に見ていると、「油断」という言葉とは無縁だ。2016年8月、ついにメジャー通算3000本安打の金字塔を打ち立てたが、とあるインタビューでこんなことを言っている。

「僕は天才ではありません。なぜかというと自分が、どうしてヒットを打てるかを説明できるからです」

イチローは生まれつきの「神がかり的な野球の天才」ではなかった。しかしイチロー選手は「〝誰でもできること〟を、〝誰にもできないほどの量〟を継続したから結果を出せた」のだ。

イチロー選手は、若い頃に桁（けた）外れの量の練習をこなした。小学校の卒業文集ですでに〝365日中360日は激しい練習をしています〟と言えるほどに。最初の頃は、「いやいやこなす」という時期もあったかもしれない。だがきっと、どこかの段階からどハマりして、野球の練習自体に「没頭」していったのだろう。そうでなければ、あれほどの世界的偉業が成し遂げられるわけがない。

これから「好きなこと」を見つける際には、「収支」などの打算を捨てて考えることだ。なぜなら「それが仕事になるか」「ペイするか」なんて、未来になってみないとわからないからだ。

ユーチューブやツイッター、インスタグラムなど、プラットフォームは揃っている。「未来が予測不可能」「将来は不確定要素に満ちている」なんて、嘆く必要はまったくもってない。僕たちがなすべきこと。**それは社会の慣習や常識にとらわれて打算に走りすぎることではなく、自分の「好き」という感情に、ピュアに向き合うことなのだ。**

この話に反論がある、というあなた。もしかして「好きになる対象」「純粋な気持ちで没頭する夢」に、まだ出会えていないだけではないだろうか。

OCHIAI'S POINT

自分の運用方法を考えよう

堀江さんが言う「働かなくてもいい」は、換言すると、「自分をどう運用していくかが大切だ」ということだろう。「運用」の仕方次第では、それは遊びにも労働にもなる。

「Uber」と「ポケモンGO」を例に説明してみよう。

Uberは、運転手が機械から顧客の位置を伝えられ、顧客を希望の場所へ連れていくことで、お金という「報酬」を得る。他方、ポケモンGOは、アプリが指し示す場所に行き、モンスターボールを投げることで、ポケモンやアイテムという「報酬」を得る。一方は労働で一方は遊び。しかし、「機械が指し示した場所に行き、報酬を得る」点で、本質的にやっていることは一緒だ。つまり「運用」の仕方次第でどうにでもなるということなのだ。

僕も、自身を運用することで様々な価値を循環させている。大学職員の給料はとにかく安いので、学生にご飯をおごったり、研究費用を賄(まかな)っているだけで大赤字だ。

そこで僕は、本を書いたり一般向けに講演や講義をしたりするほか、ピクシーダストテクノロジーズという会社を経営し、大学で研究している技術に関するアウトプットやインプット、リサーチから得た情報や経験を、大学ではないところで社会実装している。ピクシーダストテクノロジーズは２０１７年11月には６・45億円の資金調達を実施。12月には、大学の教員としての講座自体も共同研究契約上に移し、原資を大学に入れ、自分の給与を会社から支払うことで大学と対等な条件で契約を行なっている。これは大学の研究成果をベースとした「大学発ベンチャー」として注目を集めている。

金融資本なのか、能力資本なのか、体力資本なのかはわからないが、**価値の運用方法がワンショットで終わっていた**のは昔の話だ。現在は、しっかりと価値が循環するようになってきている。

たとえば、堀江さんは趣味でサバイバルゲームをやっている。サバイバルゲームをしているときにお金をもらっているわけではないが、イベントでその話をすることでお金をもらっている。

経験した人にしかわからない生の情報を、イベントで価値に交換しているのだ。

僕が大学で得たことを原資に、会社で何かプロダクトを作り、お金を稼いでいるのも同じだ。

要するに、持っている価値をどのように形にするのか、その運用方法を考えることが重要なのである。

そのとき1つ覚えておいてほしいのは、「価値をつくったこと」が必ずしもお金にならないということ。たとえば、専門家のために「研究論文」を書いたことよりも、それを大衆のためにわかりやすく翻訳してメルマガで配信することでお金になるということもある。

しかし、ここで忘れてはいけないのは、この専門家は、自分の**肌感覚**[*10]を更新し続けるために論文を書き続ける必要があるということだ。肌感覚や希少価値をつくるために、人類の最先端に寄与する。そのくらいの希少価値があれば、そこを利益中心にしなくても、ほかで回収できるという考え方が可能だ。

だから、「今の仕事があるからいい」というのではなく、実際にそこで得たことをどう運用していくか、どう運用するとよりお金になるのか、といったことも意識するといいだろう。

実際、ツイッターやフェイスブックの友だちを見ても、〝**労働感**[*11]〟のない人が増えた。暇人や自由人、つまり、自分の労働の観点からストレスを取り除き、得意なことを伸ばせる人に有利な社会になりつつあるのだ。1つの業界で忙しそうに働いていた人も、資産運用を上手に行なっていまや複数の収入源を持っている。

収入を得るパスが1つではなくなり、個人を運用する時代になっていることは、少しばかりSNSを見ただけでも明白だ。

就職・就活の未来

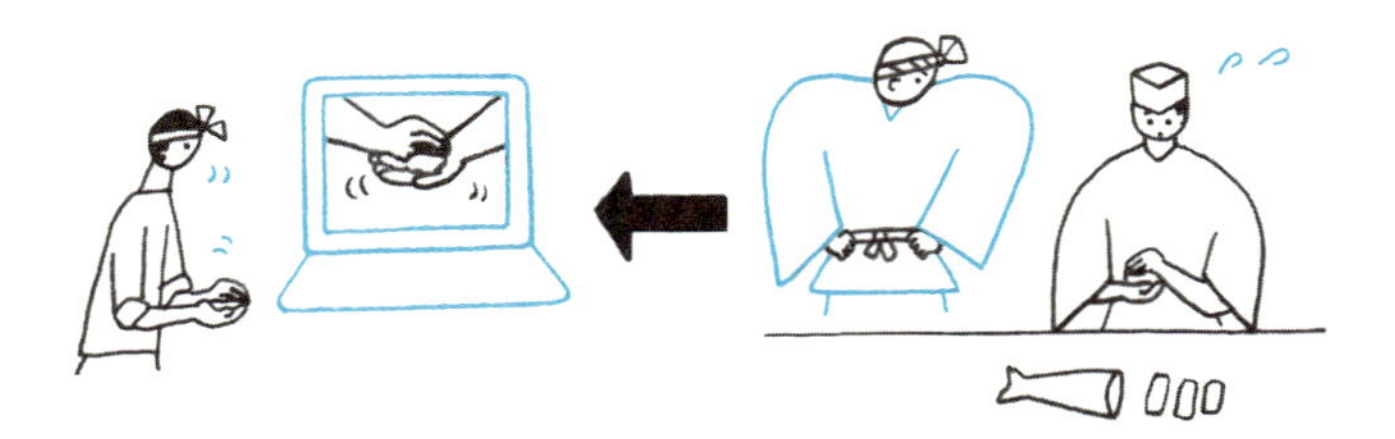

「なりたい職業ランキング」に代表されるように、

何かの職業に「なる」ということが

人生で大きな要素を占めているかのようなイメージが一般的にある。

ただ、就職や修行など、「なる」に伴う

ナンセンスなことも少なくない。

そもそも今さら大企業に入社したいという感覚には、

疑問を抱かざるをえない。

イカれた就活システムから脱出せよ

現行の就活システムもなかなかひどい。就活でインプリントされる、まるで拷問のような〝**労働者根性**〟[*12]や〝**同一性回帰願望**〟は、一生抜けないようなトラウマになるかもしれない。

正直な考えを言うと、まともに就活をしないように注意したほうがいいとすら、僕は思っている。極端な例だと就活と新人研修で強い精神的衝撃を受けたことが、著しい苦痛や生活機能に障がいをもたらすような心的外傷後ストレス障害（ＰＴＳＤ）の原因になることもあるかもしれない。たとえば、２０１７年、新入社員研修が原因で自殺してしまった男性のニュースが話題になったことを思い出してほしい。これは常軌を逸している。

僕は大学教員として、就活を経てから目が死んでしまった学生を何人も見てきた。あの場で一体、何が行なわれているのだろう。

日本の就活の手書きで履歴書を書かせる文化も、はっきりいって選考する社員および作成する応募者のどちらにとっても不便であるし、何一つ本質的ではない。[*13]**根性と写経の世界**である。

就活は「他人と違うことがリスクである」なんて幻想を平気で強いてくる。信じなくていいものを信じ込まされる。周囲に染まるその瞬間が、思考停止して同じ方向を泳ぐことしかできない鰯（いわし）の群れの一員になる瞬間に他ならない。

HORIE'S POINT

大企業信奉なんて、さっさと捨てろ

多様な働き方が認められた現代において、特に就活生は今後の働き方をよく考えてみてほしい。この21世紀になっても、大多数の日本人は、よい大学に入り、一流の会社に入るのが人生の指標になっている。さらにいえば、とにかく正社員になることが大事だと考えているだろう。会社にさえ入れば年功序列で昇進していき、給料もそれなりに上がり、それで一生安泰だと思っている。しかし、それは高度経済成長期のわずかな期間に存在した昔話でしかない。そんなロールモデルは幻想であり、もうどこにも存在しない。

「大企業で働くことだけが、幸せな人生だとは限らない」のは、労働形態をみても明らかだ。長い通勤時間と通勤ラッシュ、長時間労働。組織内の風通しだって問題だ。気が遠くなりそうなほど煩雑な指示系統、無意味な部署間争い、自分の意思など反映されない人事配置。ひいては労働生産性よりも重んじられる、職場の人間関係……。大企業信奉なんて、さっさと捨てろ。

HORIE'S POINT

「修行」に意味はない。「研究」をしよう

過去に「寿司職人が何年も修行するのはバカ」とツイートしたところ、大炎上したことがある。「そんなわけないだろう」と、批判のコメントが殺到した。


しかし、果たして本当にそうだろうか？

炎上して以来、「俺、ユーチューブで覚えました」と教えてくれた寿司屋の大将がいる。以前足を運んだ京都の割烹料理店で大変美味しい料理を提供してくれたお店の大将もユーチューブで料理を覚えたそうだ。出で立ちもラフで、料理人っぽさはまったくない。

加えてもう1つ事例を紹介すると、神戸にある寿司屋「寿志 城助」の卵焼きがめちゃくちゃ美味いのだが、レシピはパティシエのスイーツ作りにルーツがあるそうだ。様々な料理を「研究」した上で、たどり着いた作り方なのだという。

こうした事例をみれば、むしろ修行期間を長く積めば積むほど型にはまり、「それしか作れない」事態が起こるのではないか。

一番よくないのは、10年修行したこと自体を「ありがたがる」ことだ。「10年修行をして作った卵焼きなのだから、そこに価値がある」と思ってしまう。同様に、「苦労して何かの資格を取りました」というのも自分の中で「価値」だと思ってしまう。価値は、「苦労」したことにあるのではなく、ユーザーが決めるものだ。

研究と修行はワケが違う。どうせなら、意味のある「研究」に力を注ぐべきだ。

AIの社会は奴隷制のない古代ローマ

ＡＩの時代は古代ローマに似ているかもしれない。古代ローマに奴隷制度が存在したが、その役割をある程度ＡＩが果たすというわけだ。

堀江さんも「みんなローマ市民クラスの生き方をするようになる」と言っていた。

「研究」のルーツも、古代ローマかギリシャの貴族層が余暇時間をつぶすためにはじめたことにある。ほかにも音楽など、貴族が考えることは大体が遊びを元にするアートの追求だ。

研究は仕事の一部だと考えられているが、究極的にはライフスタイルの一部ということになる。だから、堀江さんが言う「遊びの延長線で飯を食えるようになる」という考え方にも、「研究と修行はワケが違う」というのも、非常に納得がいく。

実際、ディープラーニングの応用技術でもある**「転移学習」**[*14]の必要性は日に日に高まっている。デジタル空間の中では転移学習が可能なはずだが、現状人間は、誰かが学習したデータを他人からもらうことはできない。それゆえ人はムダを繰り返す。
たとえば、死期の迫った賢人がいたとして、その賢人の知識はその人のものでしかない。あまりにももったいないことだ。達人がその技を引き継がせるには教育しかないが、これにはあまりに時間がかかる。

ここまで僕と堀江さんの話を読んでくれた皆さんは、すでに社会は変革の真っ只中にあり、考え方を改めなければいけないことに気づいているはずだ。すべてが**統計的プロセスの結果、最適化されていく**中で、社会に対して文句を言っているようでは、技術発展の中で置いてきぼりになる。[*15]

ただ、安心してほしい。具体的に考えていくことが重要だ。次章以降は、学校では教えてくれない人生の「グランドデザイン」を行なう術を紹介しよう。僕と堀江さんの考える「なくなる仕事・減る仕事」と「生まれる仕事・伸びる仕事」を参考に、人生100年時代の生き方に向き合ってほしい。

＊1 **「会社＝company」** societyは「宗教によるつながり」を指す一方で、companyという言葉は「行為によるつながり」を指す。このように「会社」はギルドの考え方ととても近いといえる。

＊2 **トップダウン方式** ニーズ発（ボトムアップ）ではなく、理想を掲げてのトップ主導（トップダウン）ということ。ニーズからはじまるボトムアップではなくシステムや理論を作るとき、その目的を達するには何を解決しなければならないかという理想を掲げてトップ主導で順次具体的なことに近づけていくやり方で問題解決を図る方法。

＊3 **非中央集権や受益者負担** 中央集権とは参加している人たち全員がちゃんと利益を享受できるような状態で、受益者負担とはコミュニティに参加して利益を得ている人全員がコミュニティ発展に寄与するためにコストを負担する考え方。

＊4 **ポートフォリオマネジメントとして時間の消失に他ならない。** 自分の時間と労働をもって蓄積されるあらゆる資産をポートフォリオ運用で考えた場合に、名前に寄与しない時間を使うことは時間資産を失っていることと同じだということ。

＊5 **「適応」** これまでの「普通」に流されることなく、その変わった価値観の中で、新たな最適解を見つけるような生物の自然な振る舞い。

＊6 **Uber** いわばスマートフォンでハイヤーを呼べるサービス。車での移動を求める人と、今お客さんを乗せられる車を、システムでマッチングさせるため、タクシーでいうところの配車業務が自動化される。

＊7 **テクノロジーによる「進化圧」および市場による「淘汰圧」** テクノロジーが浸透していくとある分野の手法をそれを用いて進化させなければならないという同調圧力と、市場原理によってその適応が起こせない人や分野が淘汰される圧。

＊8 **「不当に搾取されたと感じる労働者」** 自動化・省人化によって職業を奪われたと考えている労働者。

＊9 **価値の運用方法がワンショットで終わっていた** 技術が社会に出る方法がニッチな特殊事例にすぎないこと。いわゆる終身雇用で1つの職業に定年まで従事するような状況のこと。

＊10 **肌感覚** 今まで培った経験の結果、定性的なものを定量的にも、定量的なものを定性的にも感じ、暗黙知を用いることで高速かつ深く判断することのできる感覚。

＊11 〝労働感〟 ワークライフバランスという言葉に見られるように、仕事にどこか苦痛を感じながら従事している様子や雰囲気のこと。

＊12 〝労働者根性〟や〝同一性回帰願望〟 就活においての手書きのエントリーシートやリクルートスーツなどに代表される、「努力することはそれ自体が美しい」や「みんなと同じだと正しい」といった実価値より共感性を尊ぶ前時代的かつ全体的なあり方のこと。

＊13 根性と写経の世界 ＊12と同じく、努力することそれ自体が美しいという考え方が優先されコストパフォーマンスが極めて悪い前時代的な就職活動の世界のこと。

＊14 「転移学習」 ある領域で学習したモデルやパラメータを、別の領域に適応させる技術やその考え方。

＊15 統計的プロセスの結果、最適化されていく 統計に従う程度の数量になってくることで、ヘッセ行列を求めるなどのプロセスが自動化され、最適化のためのプロセスが人の手を借りずに行われること。それが、統計的に「自然」であるという文脈で用いている。

Chapter

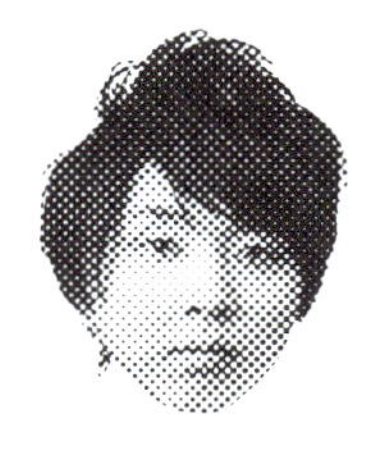

なくなる仕事・変わる仕事

「人間対人間」から、「人間対機械」へ——あらゆるものに市場原理が適用される

社会システムが変わっていけば、過去の「普通」は「普通」ではなくなると、この本のはじめにお話しした。今一度、働き方に注目しながら社会システムの変遷を振り返ってみよう。

元来、人間は狩猟民族であり、誰もが森に出て、動物を捕獲し、木を乾かして火を起こし、調理して食べるくらいの能力を持っていた。栄養失調で死なない程度に体調管理もできていただろうし、もしかすると疲れた仲間に指圧マッサージをする能力も持ち合わせていたかもしれない。つまり原始時代は、どんな人間であろうと、生きるに値するあらゆる能力を個別に、ある程度有していたのだ。

だが、社会システムの変遷とともに、それが「普通」ではなくなってきた。

たとえば出産を考えるとわかりやすい。ペットが出産したことはあるだろうか？　母親のペットたちは多くの場合、出産という人生の一大事件をサポートなしの独力でやりとげるが、人は母子の安全のためにも、社会システムによって病院か助産師がサポートする出産および産後の環境を構築する必要がある。先日出産した妻は産院の方針で会陰切開をせず、促進剤など使わない完全な自力での「自然分娩」だった。しかし、出産直後は胎盤や会陰を縫う産科の処置、入院中は産後の体に最適な医療サポート、そして子どもの側も新生児科で様々な検査を受けながら産後の「ケア」を受けていた。

個人の能力と社会機能は背反することが多いが、社会の変遷とともに、全員が全能的能力を持っていなくてもよいことに気がつきはじめる。そう、これが何度も繰り返し述べてきた「最適化」であり、「専門化」である。一人ひとり異なるそれぞれの特性に合わせ、役割を分離してきたのだ。終わらない近代、平均化されたプロダクトが陳列する棚、**「コンビニの機能」**[※1]が拡充され続けるように、社会機能としてのインフラとプラットフォームは広がり、生活の利便性は向上し、平均化され続ける。

こんなふうに、かつては「人間対人間」の関係で最適化が行なわれていたのだろうが、ここ40〜50年の間に「人間対機械」の関係でも、そうした最適化が行なわれるようになった。

「人間対機械」の役割の最適化は簡単だ。検討する材料になるのは**「コスト」**[※2]でしかない。つまり、機械が行なったほうがコストが低いのであれば機械に任せればいいのだ。もちろん、手技による付加価値のようなものは保障されるはずだ。これは、前章で説明した〝くら寿司化〟がわかりやすい例だ。

こうした社会の変遷を考えれば、これから「なくなる仕事・減る仕事」が見えてくる。不当に給料が高い仕事は機械に代替されるし、逆に低コストな仕事も代えられてしまう。

OCHIAI'S POINT

10年後になくなる仕事・減る仕事

話が混乱しないように、具体例を挙げながら説明していこう。

まずは、「不当に給料とインセンティブ（株）による資産が高い仕事」である経営者だ。経営者の仕事の中には、必ずしも人間が行なう必要があるものではないことも往々にしてある。

僕が考えるに、経営者の仕事は2つ。「組織にビジョンを語ること」と「組織を管理すること」だ。ビジョンを語り、人間をモチベートすることは「今のところ」AIにはできない。そのため、ビジョンを語れる経営者は代替不可能である。しかし、管理することならAIにもできる。むしろ、これは人間よりもはるかにAIが得意とする領域だ。これはクラウド型の会社管理ツールに顕著に現れている。

トヨタのように、**「自律分散型」**[*3]で個々が最適化された働き方ができている組織なら、ビジョンを語る以外に経営者の仕事は必要ない。管理しかできない経営者に高い給料を支払う必要はなく、寸分の狂いなく的確な管理を行なうAIが1台あればよい。その点、トヨタは選択と集中では語れないスケールの大きな経営を行なっている。

次になくなるとしたら、定型的な仕事のため低コストで、かつ携わっている人が多い仕事だ。具体例として、一般事務全般が挙げられる。どの会社においても必要不可欠な仕事ではあるが、特殊な能力がなくてもできる仕事ではあるため、採用コストも、給料の水準も高いとはいえない。こういったものはクラウド化されやすいのだ。

ただし、日本には、事務仕事をする人材が多くいるため、全体でみれば「事務職」に支払われるコストは大きい。総合的にみてコスト高であるから、先ほどの経営者と同様に、ＡＩに代替される職業の代表格となる。もしくはＡＩとともに働くことが一般的になるはずだ。

つまり、経営人材として、年収１５００万～２０００万円の人を社内に何名も抱えることはコストに他ならないため、アウトソーシングしたいと思うのが普通だろう。

また、給料が安い仕事でも、複数人雇わなければならない場合、優秀なＡＩが1台あればいい、ということになるだろう。

ここでは例として2つ挙げたが、今後はこうした価値観に移り変わっていくことを覚えておこう。あらゆる職能と職種に市場原理が当てはめられていく。

以上のことを踏まえた上で、本章では、「なくなる仕事」と「減る仕事」に関する予想とその議論を、その思考過程とともに紹介していく。絵を入れ、できるだけわかりやすくまとめた。もちろん語り落としもあるから、ご留意されたい。

管理職

管理するだけの管理職はAIで十分

具体的な職業を挙げる前に、
数多くの職業に共通して「管理職は不要」ということがいえる。
経営者でさえ「管理するだけの人」はAIに代替されるのだから、
管理職はそもそも不要である。
ビジョナリーな経営者がいて、
その下にAIの取締役会がいる企業や共同体、
ICOの動きまでをあわせて、
笑いごとではなく近いうちに生まれるのではないだろうか。

秘書

秘書の仕事は限定される

秘書の主な仕事であるスケジューリングやメールの返信、

日程のリマインドや資料整理などの雑務といった、

いわゆるオフィスワークは、オフィスソフトに

搭載されたAIが代替するのではないか。

ただし、外部の人との打ち合わせや、僕ならテレビの収録に

ついてきてくれるなど、コミュニケーションを円滑にする

存在としての仕事は、人間の仕事として残るだろう。

「秘書」自体はなくならないにせよ、その業務は限定されていくと思われる。

営業職

フォロワーのいる営業職だけが生き残る

機械は嘘をつかないので、信頼される。

商品やサービスの価値を過剰に訴求することはない。

人間よりもAIが信頼されるようになると、

「この人なら買ってもいい」と思われるような

お客さんがついている営業職だけが生き残れるようになる。

この兆候はYouTuberの動画コマースなどに表れているのではないだろうか？

現場監督

作業員は残るが、現場監督はAIと少人数の人々で十分

土木作業、建設業など、現場で精密な作業が求められ、

体を張る仕事はAIに代替されないだろう。

しかしこれは、代替していかなければ、我々の社会は近いうちに人口減少により、

新しい建物が建たなくなる。ただし、現場監督はAIに代替される。

データをもとに効率的に働くプランを作るのは、人間よりもAIのほうが得意だ。

AIの指示に従って人間が実働するのが最も理想的だといえる。

AIが車のドライバーとユーザーをつなぐカーシェアリングサービス

「Uber」とよく似た構図になるだろう。

エンジニアは安くなる

「食いっぱぐれない仕事」として挙げられるエンジニアも

風化か、自動化AIに代替される可能性が大きい職種の1つだ。

特に給料の高い人間から、順番に仕事を奪われていくだろう。

そもそも、プログラミングは一部の人間にしかできないような専門職ではない。

安価で技術を学べる学習サービスが次々に誕生しているし、

いずれエクセル程度に誰もができるようになる。

カッティングエッジ（最先端）なことをやり続けられる人は話が別だが、

それ以外はただのコモディティだ。プログラミングに慣れるのは大切だが、

それはあくまで読み書きソロバンであって、専門職にしようとは考えないほうがいい。

それなら、プロ野球選手を目指したほうが成功確率は高いかもしれない。

エンジニアとディベロッパーの違いを考えてみよう。

一方、管理職に紐付くが、システム設計を行なう人材は数人のエキスパートで十分だ。

発生するタスク全体の中で、どの部分を機械に任せ、どの部分を人に任せるのか。

そうした設計はクリエイティブなトップ・オブ・トップが行なえばいい。

巨大な倉庫を持つアマゾンなどは、倉庫の在庫システムを稼働させるために、

どのようなオペレーションを敷けば最適に機能するかを常に研究している。

そうした全体最適を考える人材は限られているし、必ずしも人間である必要はない。

エンジニア

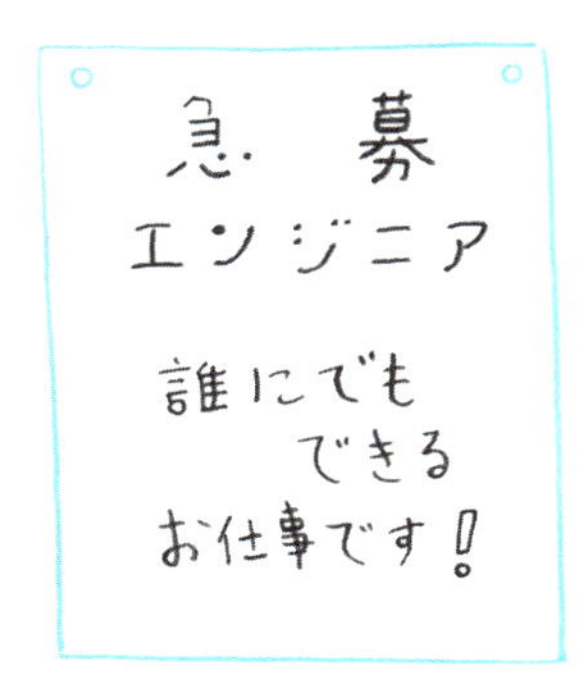

弁護士

給料の高い弁護士は、AIでコスト削減

弁護士の仕事は、過去のデータに基づいて判断することが多い。判例に解説のつく日本風司法では、タスク自体は案外と単純だ。人為的なシステムの中で、人間が判断を下すだけなのに、なぜか不毛な富が支払われる仕組みになっている。つまり、給料が高く、AIに代替される職業の代表格といえる。また、似たような職種である裁判官や検察官も淘汰される可能性が高い。事実、裁判の判決を下すコードを作り判例の理由を学習させると、過去の判例に対して正答率が8割超だった。たった1時間くらいで作ったものですらこれほどまでの成果を上げるのだから、しっかりとしたプログラムを作れば、裁判官はいらなくなるかもしれない。

会計士・税理士・社労士など

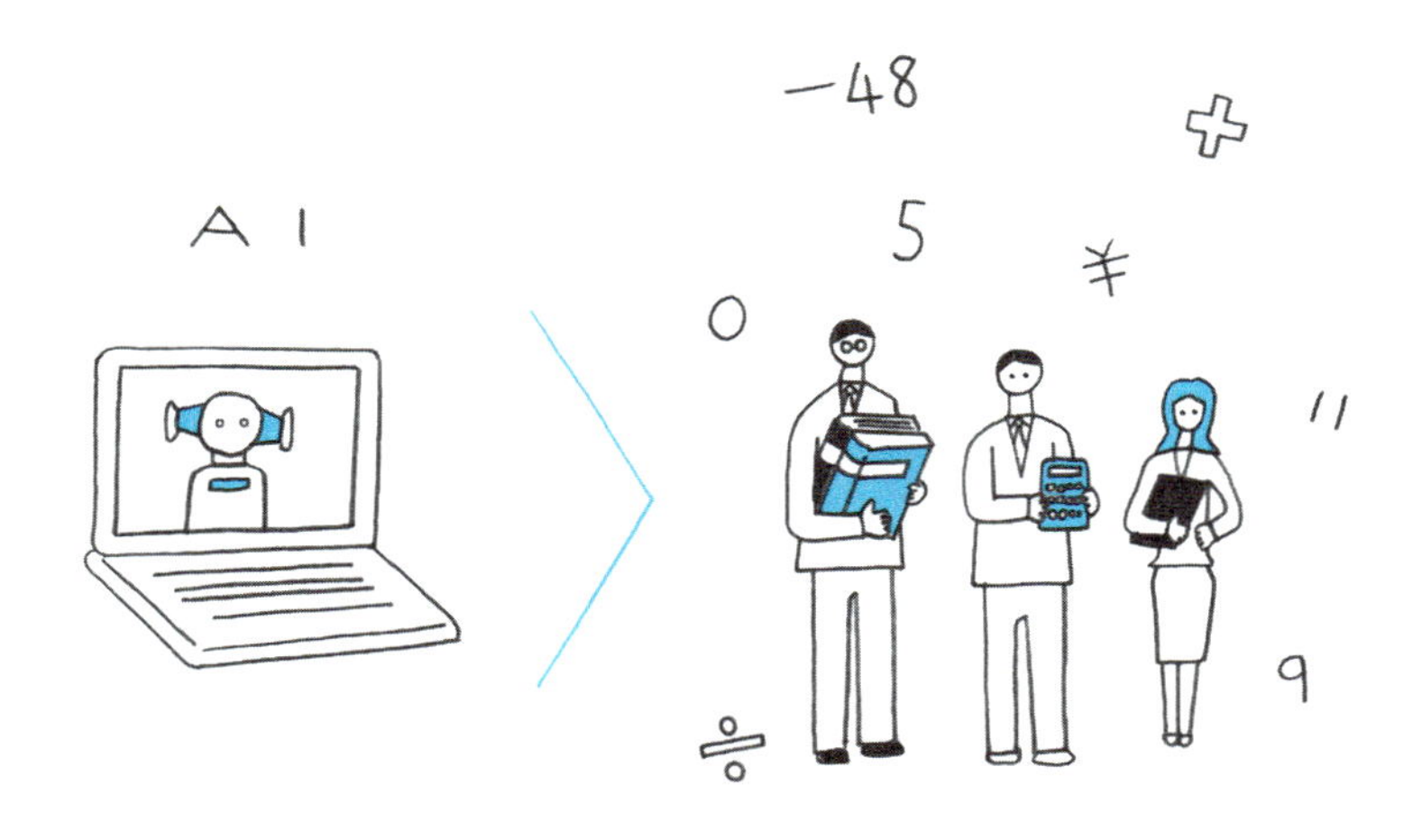

法律関係の仕事はAIの得意分野

会計士や税理士、社労士など法律をベースに判断する仕事はAIの得意領域。

現状でもネットである程度代替できる職業なので、

間違いなく減っていくだろう。

自分の会社でも、クラウドサービスで手続きを済ませているし、

昔に比べれば、すでに人間に頼る割合も減ってきている。

ゲーム性のあるやりとり以外の人材は必要度が減る。

また、会計監査なども、AIで個人の特性を分析して魔が差す要因を

マッピングすれば、その一般業務は代替可能だと思われる。

スポーツの監督

名将にAI監督が勝つ時代

AIは判断する機能に長けている。

選手に指示出しをするスポーツの監督のような仕事にも向いているといえる。

サッカーでも野球でも、おそらくAIのほうが速く指示ができるだろう。

サッカーであれば、ボールの支配率などのデータを利用すれば、

効率的で的確な指示出しができるはず。選手の疲労度など、

見ためではわかりづらいことも認識する可能性を持っている。

交代などの判断も適切ではないだろうか。

しかし、モチベーション喚起やコミュニケーションは別である。

介護職

介護職は、サービスのあり方が変わる

すでに説明したが、介護職は「人がやるべき仕事だけになる」

という意味で、業務が減る。

介護にかかるほとんどの手間は、行動に伴う安全管理が占めていて、

今は、その多くに複数の介護士がついていなければいけない。

電動の車椅子があれば、その人の世話をする１人だけがついていればいい。

そもそも人がやるべきでない業務が減るのだから、

仕事は最適化され、対話など、

人間にしかできない仕事の価値が総じて高くなるだろう。

警備員

警備員はARのゴーグルで見張る時代

何も起こっていなくても、その場にひたすら立っている警備員の仕事。

もちろん人が立っているインパクトは大きいが、

今後は、AR（拡張現実）のゴーグルを装着した警備員が増えてもおかしくない。

ずっと見張っているのではなく、機械がアラートを出したら、その人を捕まえにいく。

介護職と同様、業務が減る仕事の1つではないだろうか。

HORIE'S NOTE：

すでに実証実験がはじまっているが、ドローンで見回りするのもいい。
刑務所の見回りなどは不人気な職種。そこを、画像認識技術を組み合わせて、
ドローンを使えば、人手不足も解消しそう。

教員

AIは個々の生徒に合ったカリキュラム設計ができる

AIを利用することで、個々の生徒の進度に適した学習指導ができるようになる。

先生よりも、AIのほうがある関数で最適化された**個別教育の設計**[*4]ができるはずだ。

また、煩雑なテストの採点もコンピュータができるようになるだろう。

マークシートだけではなく、記述問題もAIがチェックする時代だ。

ただし、導入直後は人と機械のダブルチェックを行なうことになると

予測されるため、コストの関係上、現段階の導入は難しい。

賃金が高い研究者と研究するAI、どっちが残る？

2017年に第一生命保険が保育園・幼稚園児および小学生1100人を
対象に行なった「将来なりたい職業」アンケートで、
15年ぶりに「学者・博士」が1位にランクインした。
しかし、彼らが大人になる頃、「学者・博士」は今よりもなることが
難しい職業になっているかもしれない。
AIが人間の代わりに研究チームのマネジメントをする可能性があるからだ。
コンビニのレジ打ちのような単純作業とは違い、複雑な研究をする技術開発や
サイエンスは容易ではないし、複雑なタスクのためにコストがかかる。
しかし、今いる研究者の賃金とAIの開発費を天秤にかけたとき、
研究者の代わりに、研究するAIの開発に資金を回すという選択肢も考えられる。
日本では研究者の賃金が安いが、アメリカのような研究者の賃金が
非常に高い国では、その選択はとても自然だ。
アメリカでもし研究のマネジメントをするAIがある程度
導入されたら、日本も同じような状況になるのは時間の問題だろう。

HORIE'S NOTE：

また、ただ研究をするだけでなく、それをいかに社会に還元していくかを考え、
自ら資金調達できる研究者が望まれる。

研究者

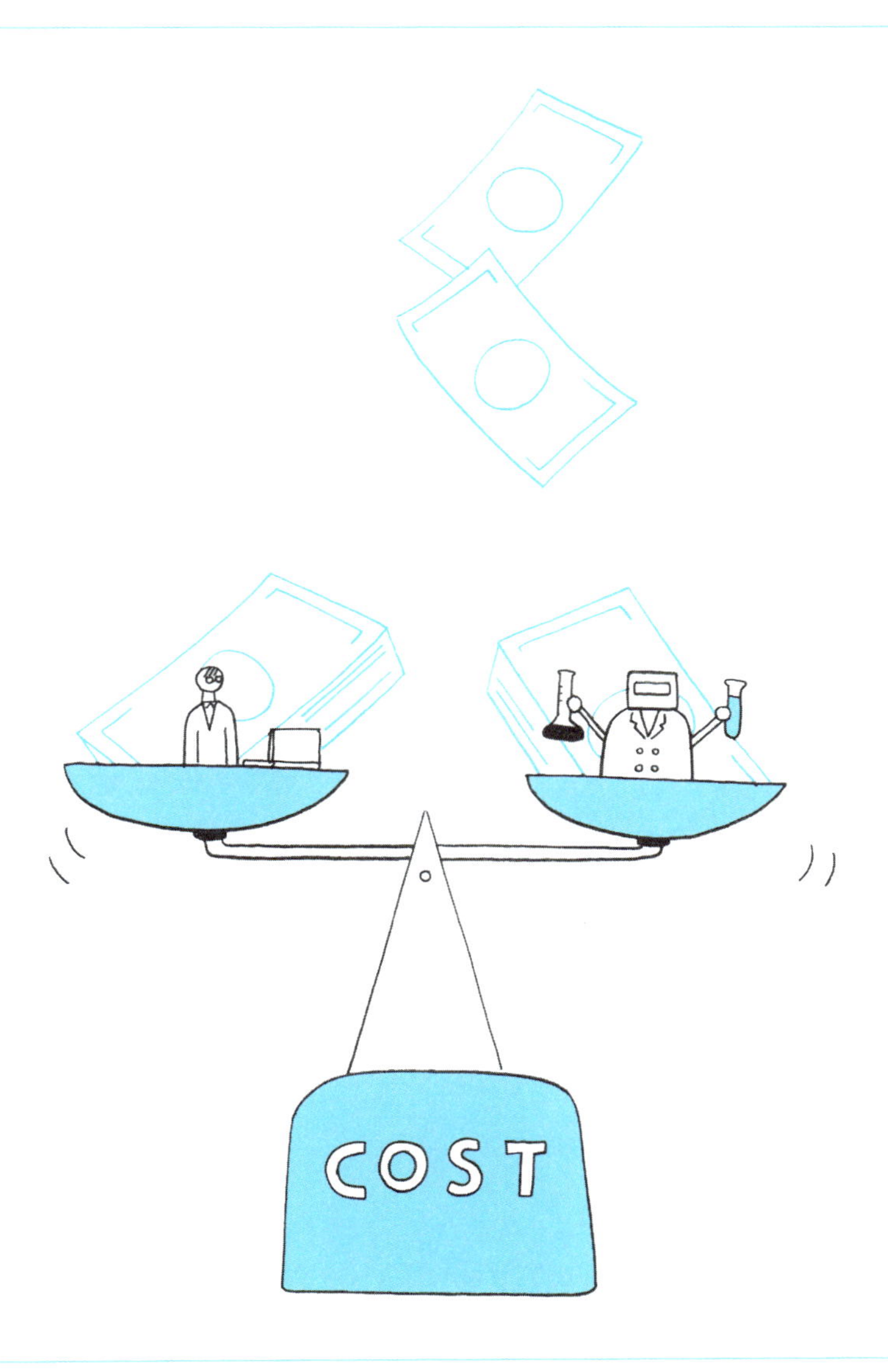

スマホネイティブ的発想で、テレビの未来は進化する

インターネットやスマートフォンが普及したことで「テレビ離れ」が叫ばれて
久しいが、テレビはまだまだ大きな既得権益を持っており、簡単にはなくならない。
しかし、これまで同様に“マスメディア”でいるには、インターネットや
スマートフォンよりも楽しいコンテンツを作ることが必要不可欠だろう。
僕は、これからのテレビコンテンツのキーはAIにあると思っている。
AIを運用してインタラクティブ（双方向的）な番組制作を進めていくのだ。
たとえば、AIが100万人の視聴者の意見を瞬時に判断し、その声に対して
ひな壇芸人がリアルタイムに突っ込み、ボケる、など。
もしくはヴァーチャルYouTuberのような存在が、
視聴者の意見と演者をつなぐ立場になるのもいい。
テレビよりもスマートフォンに親しみのある“スマホネイティブ”がテレビ局に
入社すれば、一時停止ボタンが付いたり、リアルタイムで巻き戻しができるかも
しれない。オールドメディア化する前に工夫を凝らせば、
テレビの未来は明るいのではないだろうか。

HORIE'S NOTE:

現在の技術では、アナウンサーやMCなどもAIでできるようになってきている。
ラジオDJなどの仕事にもAIは入ってくる可能性がある。

テレビ

事務職

事務職が存在する理由は、人間のほうが低コストなだけ

Chapter 1でも話したように、ホワイトカラーの正社員は

そのうち価値が出しにくい仕事にカウントされる。

落合君も言っていたが、単純作業がまだ機械に置き換えられていないのは、

人のほうがまだ安いというだけのこと。

ホワイトカラーの事務作業をやっている人たちの半分はいらない。

計算を主とする仕事は、わざわざ人間がやる必要もない。

倉庫業務

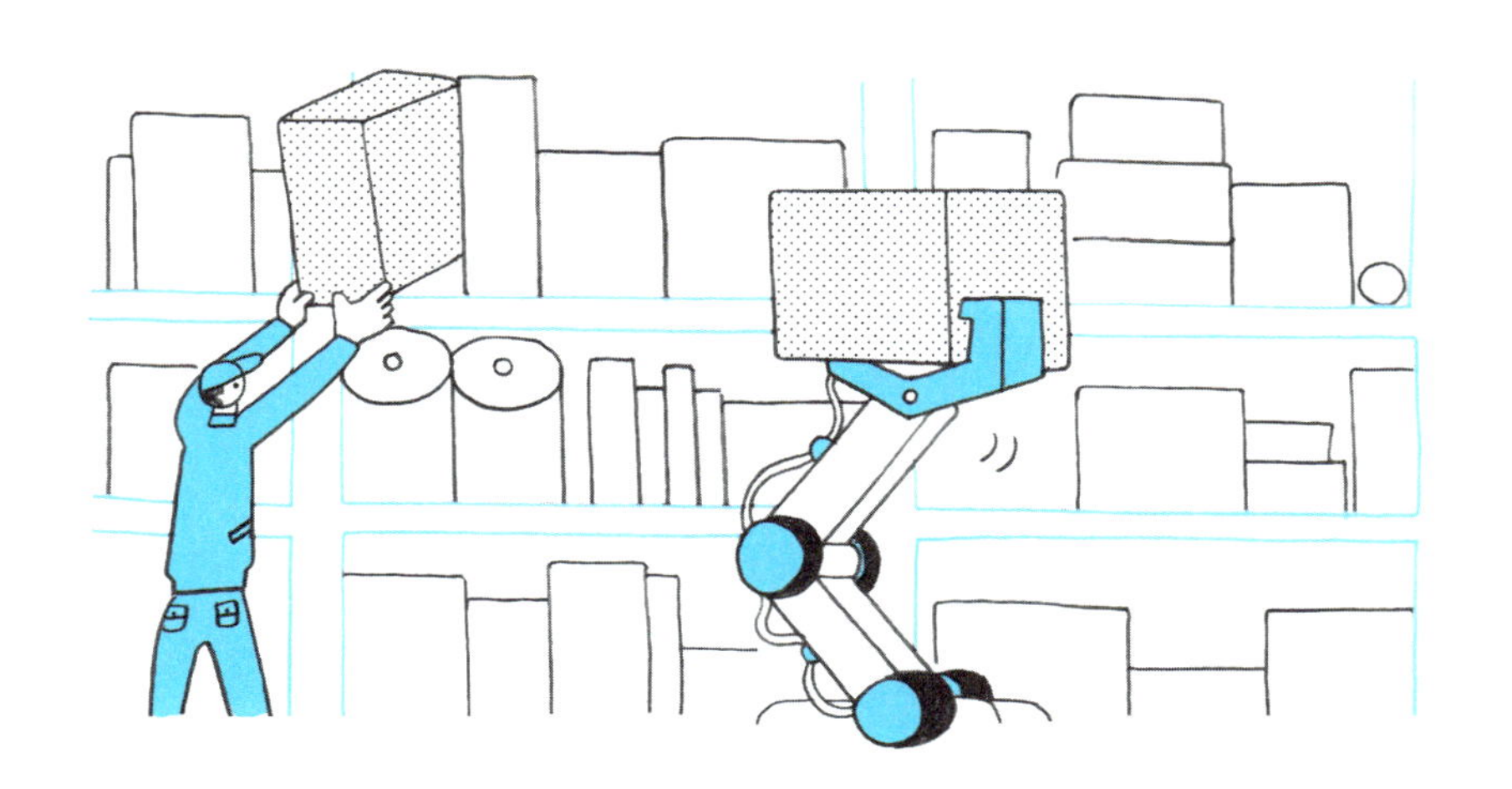

倉庫のピッキングは、今後のAIの開発次第

ネット通販が盛んな今、アマゾンはじめ倉庫のピッキング

（商品が並べられた倉庫の棚から商品を選んで

取り出す仕事）は人手が足りない職業の１つ。

自治体にお願いして人を雇っているほどだ。

現状この仕事は、機械には難しいので、人間がやったほうが安い。

ただし、最近はアマゾンがベンチャー企業に、倉庫のオペレーションを改善する

ロボットやAIの開発を競わせているので、代替される可能性も高い。

機械化が安くなれば、人間の仕事でなくなることは確実だ。

公務員

公務員の仕事はほとんどいらない

公務員がやるべき仕事なんて、ほとんどない。

これから20〜30年くらいのスパンだけでみても、

公務員が絶対安泰だとはまずいえない。

なんでもスマートフォンで申請できるなら、誰も窓口まで足を運ばないだろう。

OCHIAI'S NOTE：

以前は公務員だった郵便局員も、
今は、郵政民営化で普通のサラリーマンになっている。
[*5]**今度は公務員が自動化による小さい政府の代名詞になる**かもしれない。
こういう流れはグローバルで起こっていることだ。

窓口業務

窓口業務は人間のほうがいいか？

僕が体験した出来事を紹介しよう。以前、飛行場の窓口でプレミアムシートの予約をしようとしたとき、出来の悪いコンピュータみたいな人に当たったことがある。カチャカチャキーボードを叩いているのだが、本当にカチャカチャと叩いているだけ。搭乗15分前になると席が自動的にキャンセル待ちの人に割り当てられるのだが、その時間が迫り、段々焦り出すものだから「どうしたの？」と聞いたら、「次の便で行ってください」と。人間が対応する意味は、まったくない。

医師

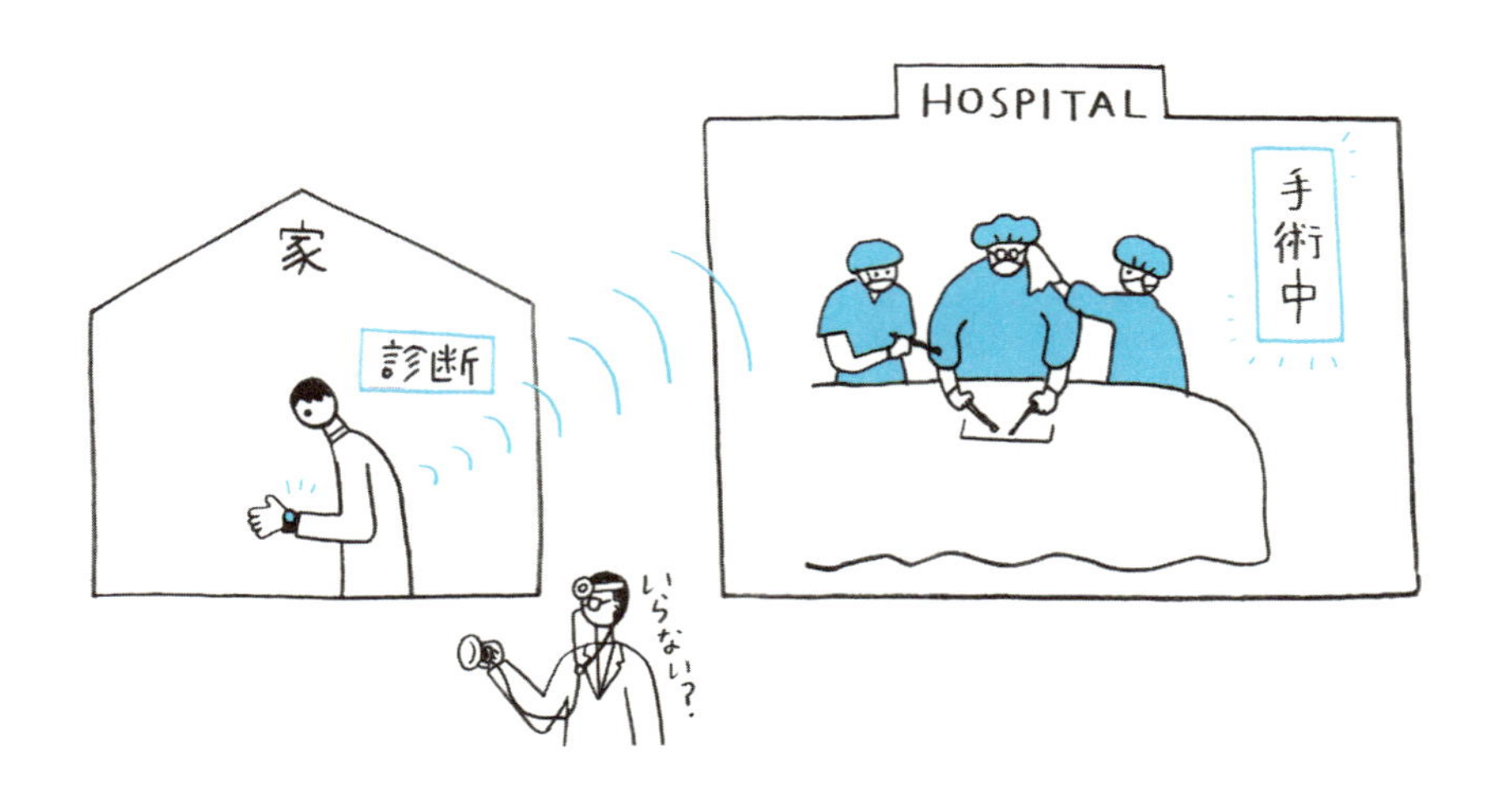

医師は治療・手術に専念できる

医師がAIに代替されることはないにせよ、役割は大きく変わってくるだろう。数万通りもある診断パターンから、そのつど100%適切な対処を下すのは、人間である以上不可能だ。しかし、AIならできる可能性はある。AIに「病気かどうか」の診断基準を学ばせれば、ある程度のスーパードクターが誕生する。すると、医師は「診断を下す人」ではなくなる。煩雑な業務をする必要もなくなり、患者と直接かかわってケアをしたり、手術したりすることに専念できるようになるだろう。

OCHIAI'S NOTE:

あとはより症例の少ないモデルの獲得をすることだろう。

クリエイター

AIはクリエイティブすら模倣する？

AIが得意とするジャンルの1つが、広告コピーなど言葉を扱う仕事。

ビッグデータを分析して作成すれば、ウケるコピーになる確率は高くなる。

また、ハリウッド映画のシナリオは、絶対にヒットする法則のテンプレートがある。

最近の映画も、すでにビッグデータで決めている部分は多い。

「クリエイティブな仕事はAIに代替されない」

というのは、幻想にすぎないのだ。

ただし、統計、AIやプリンティング技術を使って、

より新たな発想を生んでいくクリエイターは生まれるのではないだろうか。

アート

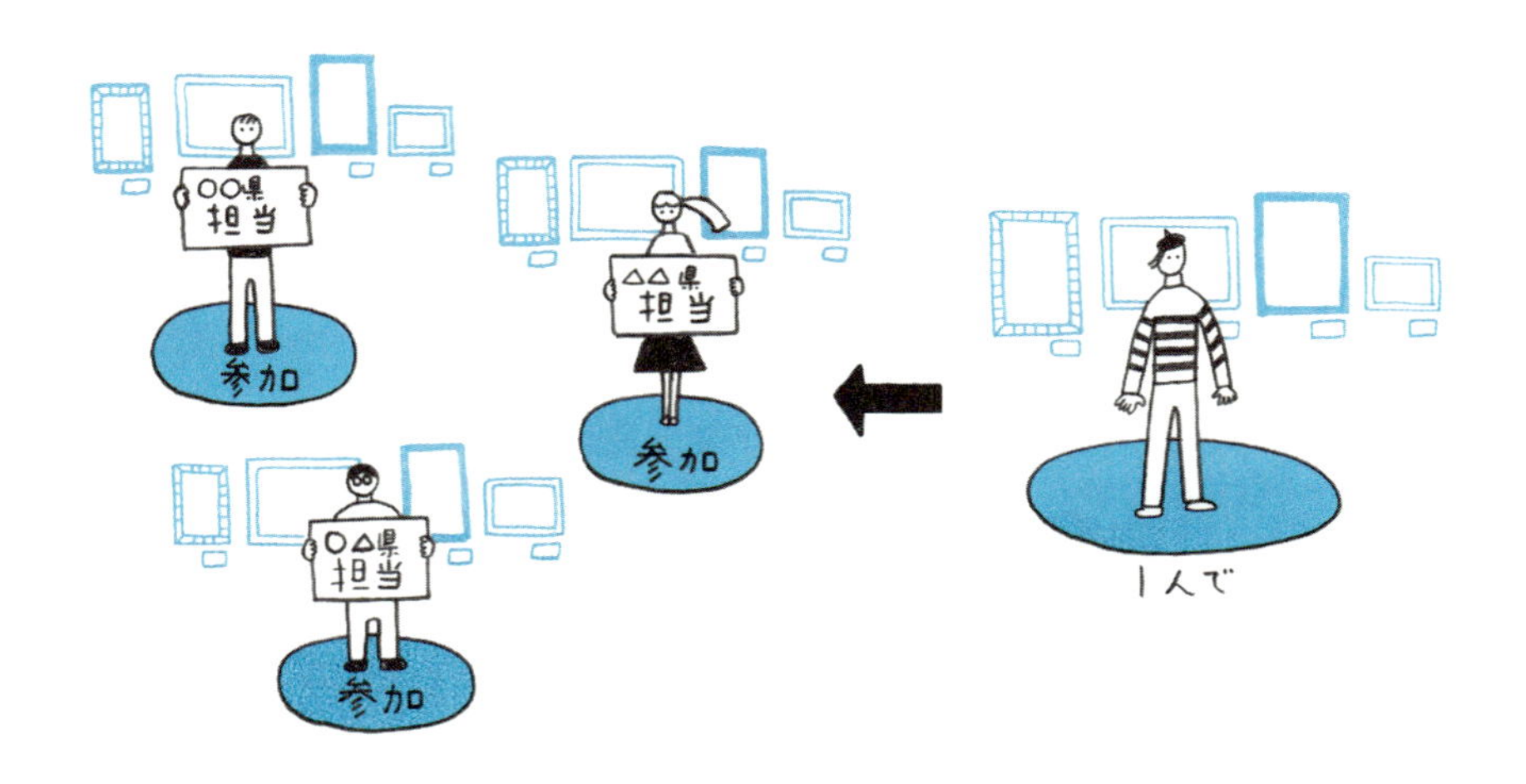

クリエイターの価値は「運営」に広がる

クリエイターの価値が、AIの登場ですべて失われるかといえば、そうではない。

たしかにAIは、属人性が高いと思われるような作品であっても、

ほとんど同じような制作物を作るかもしれない。

しかし今、観客は鑑賞ではなく、「体験」を求めるようになっている。

たとえば、西野亮廣氏の『えんとつ町のプペル』（幻冬舎）は、原画を使った展覧会を

行なってくれる人を広く募集して成功しているが、これは、「鑑賞」ではなく

「運営」という体験価値で人を惹きつけているといえる。

体験価値を提供する存在として、クリエイターの役割は広がっていくのではないだろうか。

銀行員

「銀行員」はおろか、銀行すらいらなくなる

銀行は不要だろう。メガバンクが携帯電話での送金サービスなどの

IT化の動きをはじめているが、そもそも紙幣や貨幣がいるのかが疑問だ。

手数料が安い仮想通貨も利用者がどんどん増えているし、

そもそも銀行自体を使う人が減っていくと思う。

銀行の生き残りとしては、仮想通貨やブロックチェーンをいかに

取り入れていくかではないだろうか。いわゆる「銀行員」「銀行窓口」は減っていく。

OCHIAI'S NOTE:

これからは、生存戦略として銀行の機能が変わっていく。

運送業

重い荷物と運び込み以外、ドローンと自動運転で十分

自動運転が代替するサービスは、タクシーなどの移動手段だけではない。

今後は運送業も自動化されるだろう。陸上だけでなく、

ドローンが空送サービスを行なうことも頭に入れておいたほうがいい。

空は面倒くさい障害物もないし、技術的にも簡単に自動化できる。

そのうちビルの屋上にはドローンポートができるだろう。

ただ、重い荷物や大きい荷物の運び込みなどは、当面は人間の作業になる。

運送手段が機械に変わっても、すぐに「宅配」の仕事が

なくなるということではない。

翻訳

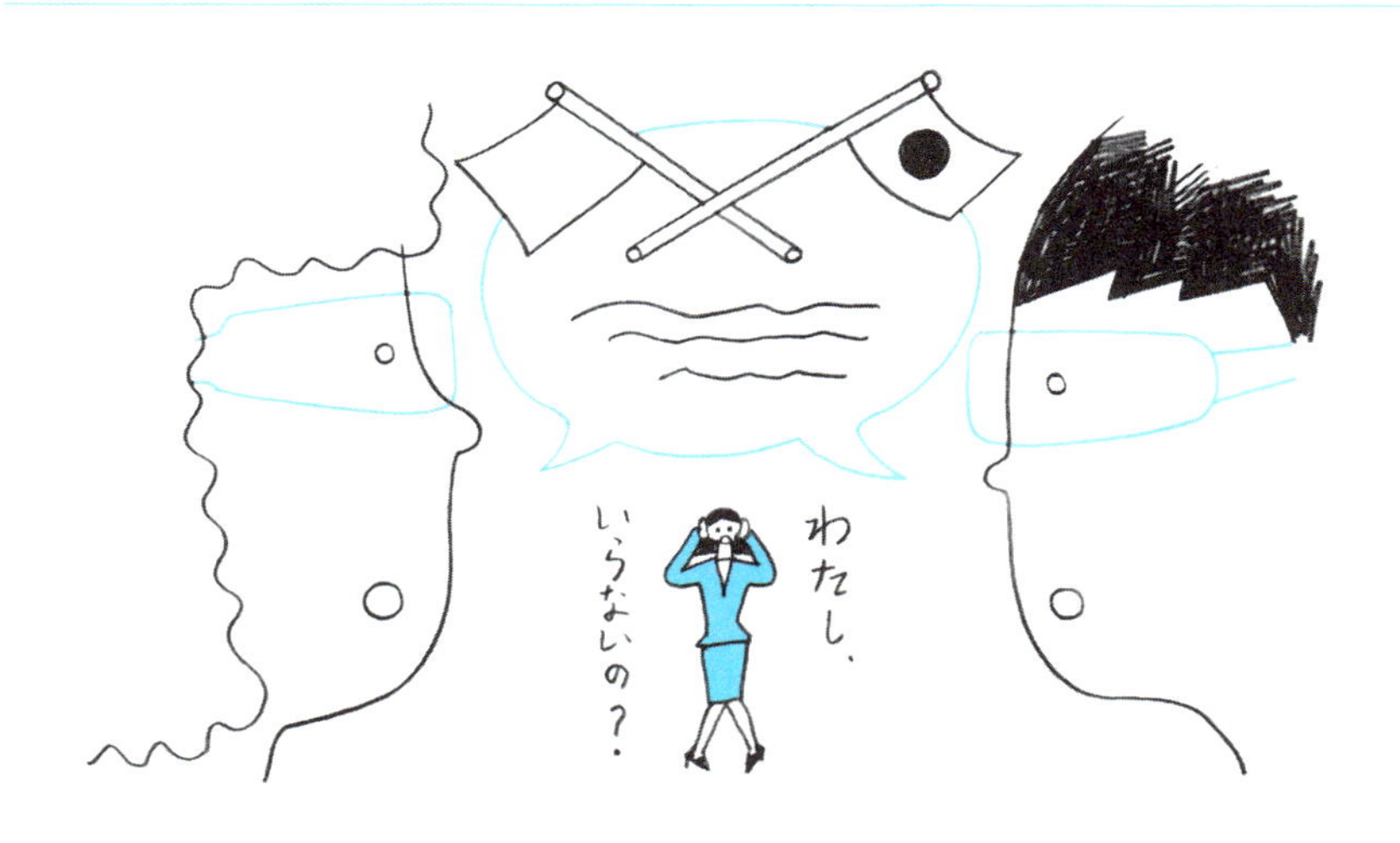

翻訳は「Google翻訳」で十分？

翻訳に携わる仕事も、今後一層先細っていくに違いない。Google翻訳アプリの「リアルタイム カメラ翻訳」は、スマートフォンのカメラで写したテキストを翻訳して元の映像の上に載せてくれる。まだまだ笑ってしまうような誤訳も多いが、今後精度が上がっていくのは時間の問題だ。そうすれば、そもそも英語を覚える必要がなくなり、英会話教室も不要になるかもしれない。もしこれから翻訳者として生きていきたいなら、卓越した技術や付加価値、コミュニケーション能力がないと難しくなっていくだろう。

また、通訳も同等の理由で不要になるだろう。落合君が専門分野だが、ヘッドマウントディスプレイがあれば、翻訳された言語がリアルタイムで目の前に表示されるようになる。

自動運転が、ドライバーのニーズを消し去る

自動運転が当たり前になれば、そもそもドライバーは必要ない。

目的地を選択すれば、あとは何もすることがないからだ。

また、自動運転の実現前から、カーシェアリングサービスの拡大で

ドライバーのニーズは激減するだろう。

ドライバーが活躍するのは趣味の世界で、

サーキットをはじめとした特定の場所に限られてくる。

また、パーク24が運営している「タイムズカープラス」の

カーシェアリングサービスは、2017年2月の時点で、

会員数が77万人近くと業績を伸ばしている。

自動車の需要が減るのだから、部品を提供する会社や、

自動車学校も業績が悪化するだろう。

OCHIAI'S NOTE：

少し付け足すと、自動運転は、「自動で動く自動車」とは、
まったく違うロジックといえる。
「運転しない」ということは、車内で仕事をしたり、メールを打ったり、
音楽を聴いたりと、居住空間にも近い状況が生まれる。
こうした時間や空間から生まれる経済価値は、
「パッセンジャーエコノミー」として注目を浴びている。
それを踏まえた開発ができるかどうか、という点も見逃してはならない。

ドライバー

農業

農業は機械化で人を豊かにする

農業は、機械が導入されたことによって、効率が大幅にアップした。

実際、農業に人でなければできない仕事はないだろう。

ディープラーニングが進めば、収穫時期も一瞬で把握できる。

ほぼほぼすべての工程が、IoTによって自動化される日もそう遠くないだろう。

顧客対応

「ボット」で注文が完結

Facebook社の顧客対応サービス「ボット」は、顧客対応のあり方を変える。

メッセンジャーでその企業を呼び出すと、ボットが注文内容や必要な情報を

尋ねてくるので、ユーザーはそれに応えるだけで注文が完結する仕組みだ。

もはや、小売店は店員不要になる可能性がある。

ただし、すべての業態で店員さんがいらないかというと、それは疑問符がつく。

家電製品などは、ネットの情報や口コミである程度買うべき商品の見当をつけられるが、

リテラシーの低い層はやはり人に対応してほしいだろう。そうした人は、

店員の話を聞いたり、クーポンがある店にとりあえず足を運ぶと思われる。

コンビニのレジ打ちはもうなくなりはじめている

「レジ打ち」がなくなると聞くと、セルフレジのようなものを

想像するかもしれないが、そうではない。

アマゾンが2018年1月にスタートしたコンビニ

「アマゾンGO」をご存じだろうか。「アマゾンGO」では、

店舗に実装されている無数のセンサーやカメラ・マイクから得た情報を

AIが解析し、顧客が購入した商品を把握できるもの。

要は買い物かごに商品を入れれば、「この人はこの商品を買っている」と

自動的に認識されるのだ。

さらに購入した商品は、スマートフォンのアプリを通じて記録され、

それぞれのアカウントに請求されるようになっている。

こうしたサービスが安価に利用できるようになれば、

レジ打ちは不要になるのはもちろん、コンビニのあり方そのものが大きく変化する。

たとえば中国でも、すでに“無人コンビニ”なるものがある。

こちらは万引きなどの不正をすると信用のスコアを下がる

仕組みを取り入れ（詳細は後ほど紹介する）、万引きをなくしている。

コンビニのレジ打ち

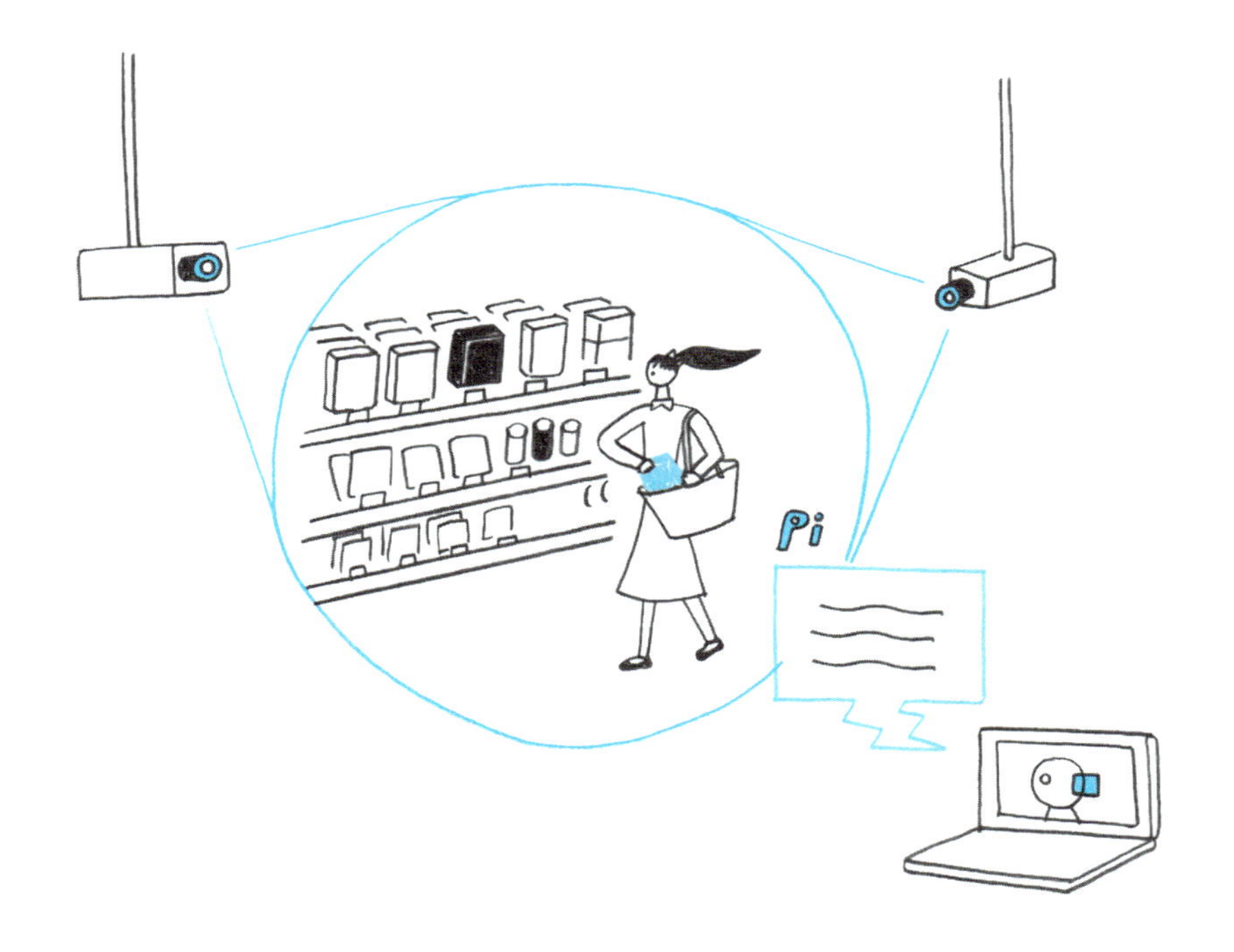

リアルな場が武器になる

文字コンテンツのデジタルデータ化が進み、中小規模の本屋がなくなっている。

1999年と2017年の本屋数を比較すると、

約1万件もなくなっているそうだ。

しかし、本屋が完全になくなるとはいいがたく、

「リアルな場」である強みを活かしていけば、生き残る道はある。

著者の講演会やサイン会などはかねてよりあったが、

最近ではソーシャルメディアを通じて集まってきた人たちを

併設するカフェでのイベントに集めるなど、工夫がなされている。

ほかにも本を読みながらお酒が飲めるバーなど、

本をコンテンツにした場づくりは様々なところで行なわれている。

“本屋”は、昔は本を置いていればそれだけでお金が生まれた。

そういう「昔栄えた業界」の多くは“文化”という体のいい言葉を盾にして

言い訳をしている。しかし、これからそんな書店はどんどんつぶれていく。

リアルな場を活かした施策を打っていくことが求められるだろう。

OCHIAI'S NOTE:

本以外と本と情報の関係性をキュレーションする
サロン的なものになっていくのかもしれない。

書店

飲食店

人が消える飲食店、人が集まる飲食店

飲食店は人が入らなくなる店と、人が価値になる店で二極化するだろう。

スケールメリットを考えても、大衆向けの安価な飲食店は、

代替可能なところからロボットが仕事を奪っていく。

マクドナルドは、機械化を進めて利益を上げた飲食店の典型例。

おそらく、真っ先にAIが導入される飲食店になるのではないだろうか。

一方で、スナックのように「ママに会いたいから」といった

属人的な理由でお客さんが来る店はつぶれない。

AIが絶対に仕事を奪えない典型例である。

物流

物流は、ニッチな分野に

BtoBでの物流業務も自動化の影響を受ける可能性が高い。

とはいえ、物流のニッチな部分の自動化はすごく難しい。

そのため、物流企業はこうした部分に特化した存在になっていくのでは

ないだろうか。単純な動作が機械に取って代わられるのは目に見えている。

運送業なども、機械がすぐには真似できない専門的な作業を

こなせるかどうかで、寿命が決まるはずだ。

編集・校正

本の編集作業は人間。校正や文字起こしは機械

星新一さんのショートショートのようなものは、似たストーリーも多いため、

膨大なデータを与えればAIでもできる。

ただし、AIはオリジナルな創造物を作ることは得意ではないので、構成は人間の仕事。

本を作る過程でAIを導入するなら、まずは文字起こしが適当だろう。

音声認識の技術を使えば簡単なはずだ。

校正や、文章をその人なりの表現に変えるのもAIは得意だと思う。

OCHIAI'S NOTE :

何が売れるかを統計処理AIが予測することもありそうだ。

「君にしかできない」状況を創り出せ

あらゆるものに市場原理が働き、働き方が最適化される時代に、いったいどんな仕事が生き残るのだろうか。何も、特殊なスキルを持っていることが重要なわけではない。

簡単にいえば、「解決するのが面倒な問題」を解く職能を考慮して、職業にすればいいのだ。あらゆる仕事がコストで考えられる時代において、「給料の高い仕事」というのは、それだけで解決すべき課題になる。

つまり逆をいえば、現在、その仕事をしている人に払う給料より、その仕事ができるＡＩを作るコストのほうが大きければ、その仕事は人がすべきことになる。ＡＩに代えたところで大したメリットのない職業は、なかなか最適化されないのである。

複雑性の高い職業を掛け持ちしている人材は、機械に代えるのが非常に面倒だ。コストを割いて機械に代替されるほど、経済的なベネフィットが働かないからだ。つまり、時代の進み方とともに、あらゆるものがコモディティ化していくことに対して、学び続けていく価値が一番高くなる。

手前味噌だが、僕の職は非常にわかりやすい例だ。僕は大学教員（教育者と研究者）と経営者とメディアアーティストという、ニッチな4つの職業を掛け持ちしている。この4つの職業を成立させるのには、それなりの労力がかかる。教育と工学研究とベンチャー経営と**メディア技術を用いた芸術**[*6]という異なる軸を並行して行なえる機械なんて、開発すること自体がそもそもコストだ。すると、「それなら落合にやらせておけ。体力がもつかわからないけど」といった具合になる。その上、仕事をするたび学ぶことも増えるから、より学ばないといけない。勉強しながら走り続けるには向いている組み合わせである。

つまり職業・職能を考える上で、最終的に「ある市場や経済圏の中で、その人しかできない状況をつくる」ことが重要なのだ。

ここまで話すと、少し不安を感じてしまう人がいるかもしれない。ただ、そういった**進化ゲーム**[*7]**の市場最適化**によってなくなる仕事もあるが、最適化処理や自動化によって生まれる仕事もあるから、安心してほしい。

次章では、これから「生まれる仕事」と「伸びる仕事」について解説した。ＡＩに関連する仕事はもちろん、堀江さんは〝独自の価値を生み出し、遊ぶように働く〟これからの仕事を紹介してくれている。

激動の21世紀を生き抜く術をたっぷりと盛り込んだので、ぜひ熟読していただきたい。

＊1 **「コンビニの機能」** コンビニに拡充されていきつつある、平均化、標準化された「ものやサービス」。

＊2 **「コスト」** とらなければならないリスク。

＊3 **「自律分散型」** それぞれが自律的に動き、主体からの全体アナウンスや制御がなくても成り立つエコシステムのこと。

＊4 **個別教育の設計** 現行の一対多の教育は近代的であり、今後はAIがそれぞれ個人に応じた課題を設計し、用意するような教育スタイルになるという示唆。

＊5 **今度は公務員が自動化による小さい政府の代名詞になる** 「小さい政府」の代名詞として民営化された郵政であったが、これからは自動化によってさらに小さくなっていくであろう政府の代名詞として、ある程度現在の「公務員」自体が民営化されることもあるのではないだろうかということ。

＊6 **メディア技術を用いた芸術** メディアアートと呼ばれている分野にも数種類のジャンルがある。僕は発明芸術によって表現多様性を示す一派の中の1人で、メディアの発明自体を含む表現を行なっている。

＊7 **進化ゲームの市場最適化** 多人数の社会においてどのような戦略が優勢なのかという社会全体での分布の時間的変化に伴い、集団同士、市場同士の需要と供給が変化していくこと。

Chapter

3

生まれる仕事・伸びる仕事

HORIE'S POINT

代替不可能な価値は、仕事ではなく趣味で生み出せ

落合君の言う「ある経済圏の中で、その人しかできない状況をつくる」は、これからの時代において必須の考え方だと思う。

教育改革実践家で元リクルート社フェローの藤原和博氏は、「100万分の1のレア人材になろう」というお話をよくされる。レアな人材には価値があるから、AIに代替されることもない。

とはいえ、一般的に考えて、100万分の1なんてオリンピックの金メダリスト級の確率だ。普通に暮らしていても到達できっこない。だが、「100分の1」だったらどうだろう？　学校のクラスで考えると、2〜3クラスくらいだろう。好きなことに夢中になっているうちに、100人の中で1番になるのはできる気がする。

あとは、まったく違う2つの分野でそれぞれ「100分の1」を目指せばいい。そうすれば、合計3分野を掛け合わせて「100分の1×100分の1×100分の1」で、「100万分の1」の人材になれるというわけだ。

そうすれば、「ある経済圏の中で、その人しかできない状況」になっている。君と同じ価値を持っている人間はどこにもいない。

こうした考えのもと、僕はよく、「遊びのプロになれ」と言っている。単純労働はおろか、経営者の仕事ですらＡＩに代替されるかもしれない時代において、もはや「本気で遊ぶように働く人」だけが生き残っていけるからだ。

嫌々働いていたところで、必死になって働いている人に負けてしまうことは目に見えている。それなら、勝ち負けなんて考えず、好きなことに没頭しよう。没頭しているうちに、君は唯一無二の存在になっている。

皆さんは、僕に対して「数多くの職業を持っている人」というイメージを持っているかもしれない。たしかに、数多くの事業を手がけていることは事実だろう。しかし、そのすべてを心の底から楽しんでいる。お金を稼ぐための手段としての、いわゆる〝仕事〟だと感じたことは1度たりともない。はっきりいって、全部趣味だ。好きなことだから、こんなにもたくさんの事業を同時並行で進められるのだ。

HORIE'S POINT

「なくなる仕事リスト」なんて血液型占いくらいの精度しかない

皆さんが今常識だと思っていることも、5年後、10年後には常識ではなくなっている可能性が多々ある。目まぐるしいスピードで社会が変化していくのだから、誰も数年後の未来を正確に言い当てることなどできない。

だから僕は、未来のことを考えるのが嫌いだ。**1年後だってどうなっているかわからないのに、10年後の未来を想像することに何の意味があるのだろうか。**そんなの暇人がやることだと思っている。

英オックスフォード大学でＡＩなどの研究を行なうマイケル・Ａ・オズボーン准教授が『雇用の未来―コンピューター化によって仕事は失われるのか』という論文を発表した。米国労働省のデータに基づいて、現存する７０２の職種が今後どれだけコンピュータ技術によって自動化されるかを分析したものである。

一つひとつの職業が「数年後、何%の確率でなくなるか」を、懇切丁寧に説明しているが、正直に言って、こんなものはまったくもって意味がないと思っているし、今の職業に当てはめることがナンセンス。今だって、100年前になかった職業がいくらでもある。この確率なんて、血液型占いくらいの精度しかない。しかも、そもそもそんなことを知って何になるというのだ。

何度も繰り返し述べてきたように、好きなことにハマれば、お金なんて稼げるようになる。「お金のために働く」のではなく「好きなことでお金を得る」ほうが大切だ。

僕からは、そうした視点で、これから「生まれる仕事」と「伸びる仕事」を紹介させていただく。

志のある個人経営店は、大手チェーンに勝てる

少し前まで、チェーン店には「どこに行っても味が均一で失敗しない」
という強みがあった。しかし今では「食べログ」「ぐるなび」「Retty」
「TERIYAKI」などで地域名を検索すれば、その土地の名店が一瞬でわかる。
そんな中で、志とこだわりをしっかり持った個人経営の店は、
一定数のフォロワーができるだろう。
大企業のチェーン店が近隣にオープンしても、恐れることはない。
特に高級店なんて、利益から考えたら半分趣味みたいなものだろう。
たとえば、カウンター6席の寿司屋で、1人2万～3万円の料金設定だとする。
ビジネスとしてそこまで儲からないが、ファンがいて、
その仕事にこだわりを持っているなら、機械化や自動化に代替されることはない。
儲からなくても好きでやっているのだから、もはや労働ではなく、趣味の延長だ。
好きなことをやっていれば応援される、
わかりやすい例だと思ってもらって構わない。

OCHIAI'S NOTE：

[*1]**アーティスティックなものの価値**はより高まっていく。

個人経営のお店

イケてる職人は、この先もイケてる

最近では３Ｄプリンタによる造形の複製が簡単になり、

パソコン上で作り上げたデータを現実の造形物にするのも容易になった。

現在は細かい部品などが中心だが、

３Ｄプリンタで家をつくるということを現実的にするために研究が進んでいる。

でも、工場でつくったユニットバスやシステムキッチンなどを

住居に建て付けるような仕事が、すぐさま機械に変わるとは思わない。

１点モノなどにいたっては、いまだに工場の職人が手づくりしているくらいだし、

そもそも大工を含め職人の数は足りていないからだ。

これは、ゼネコンや建築でも同様だろう。

もちろん将来的には、職人技でさえ機械が再現できる時代がやってくるかもしれない。

ただ、イケてる職人たちは、自分たちの技術や能力を

いかに機械で再現できるかを考え、研究・実践している。

自分にしかできなかった技を機械に代替させることで、

自分の作業効率を上げようと、“AIを使いこなす”考え方をしているのだ。

「自分たちの技術が奪われてしまう」と躍起になって機械化を否定する職人は、

イケてない。すでに代替不可能な職に就く人間は、より自分の価値を上げる方法を

常に模索している。彼らはこれからも代替不可能な存在であり続けるだろう。

職人

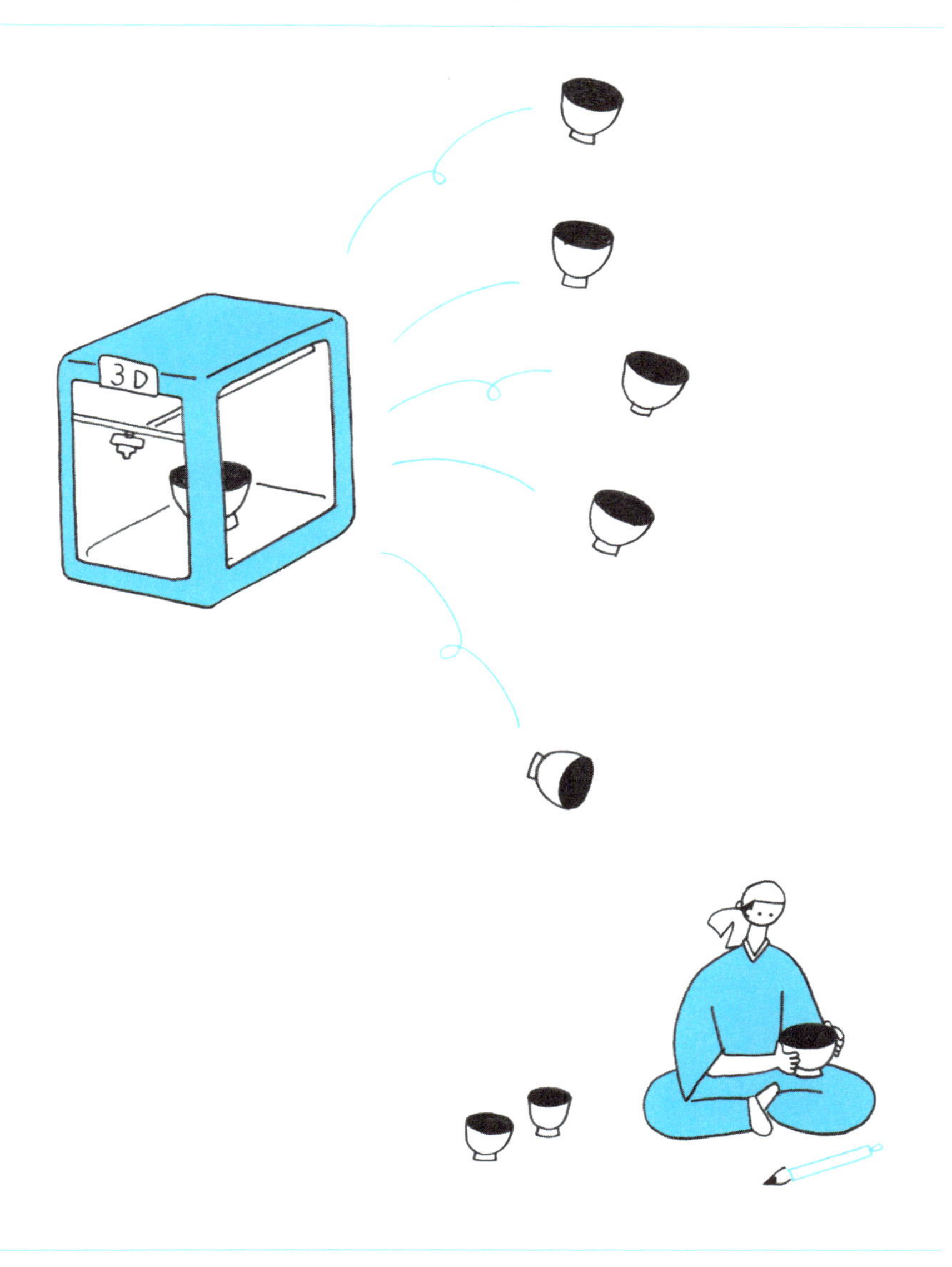

ドローンに夢中になった「遊びのプロ」が、
9兆円市場のトップになる

今でこそおもちゃ的にみられているドローンだが、実は、空撮、測量、
ビルの壁面の点検など、幅広い仕事で使われはじめている。
人間が入ることのできないような、調査が難しい場所の探索にも
利用されてくるはずだ。また、流通業においても可能性がある。
さらに、農業分野でも力を発揮するだろう。
たとえば、農作物の生育状況をモニタリングしたり、種や肥料を撒いたり、
地形をモニタリングしたり航空写真を撮ったり。
もちろん、一部はAIや自動化という形で運用されることになると思われるが、
人が操作しなければならないパターンも出てくるはず。
そんなことを見越してか、米国無人機協会という団体は、「ドローン市場規模は
2025年までに米国内で820億ドル（約9兆6000億円）に達し、
それによって10万人以上の雇用を生み出す」とも提唱している。
数年後に、ドローンパイロットが職業として成立したときに価値を持つ人材を
考えてみてほしい。他でもない、今ドローンに夢中になって遊んでいる人たちだ。
アーリーアダプターが遊びとしていたもの（旧来は貴族が研究していたことと
似ている・落合）がビジネスへと変貌するわかりやすい例だろう。

ドローン

ショービジネス

「SHOWROOM」で誰もが才能を発揮できる

あらゆる作業が機械化されていく未来では、人間にしかできない仕事の価値が
一層上がっていく。ショービジネスなどがその代表例だ。
１つ例を挙げると、動画ストリーミングサービス「SHOWROOM」では、
視聴者が配信者に対し課金購入したデジタルアイテムを
プレゼントするシステムが採用されており、面白くて人気の高い配信者は、
それだけで生活ができるほどの収入を得ている。
数年前、誰がこんな未来を予測できただろうか。好きなことに没頭していれば、
他の人にない価値を手に入れることができ、その価値はいつでもお金に換えられるのだ。

テレプレゼンスロボット

人型ロボットより、自分の分身となるロボット

スマートロボット構想など、いわゆる「人型ロボット」が製品化されはじめている。

しかし僕は、「ぶっちゃけ何に使うの？」と感じている。

だって、人はすでにたくさんいるのだから。

ただ、ロボットによって自分の分身を作るようなテレイグジスタンスには可能性がある。

iPadを小さいセグウェイに乗せたようなロボット「Double」は、

自分の代わりにその場に行けるので、そこにその人が「いる」という実感が伴う。

また、VRを使っても同様のことが実現できるだろう。むしろこちらのほうが、

筋がいい気がする。ビデオを超えた存在感を我々にもたらすだろう。

日本は、一億総クリエイター時代へ

人間にしかできない仕事の価値が上がった未来になれば、
誰もがエンターテイナーやアーティストになると思う。
これまでに聞いたこともない仕事が生まれてくるだろう。
たとえば僕の知り合いにも「けん玉名人」や「コンビニアイス評論家」
など、好きなことを突き詰めて発信していたら、
いつの間にか仕事になっていた、という人がいる。
そうした話をすると、「自分には無理だ」と話す人が少なくない。
ただ、誰にでも必ず才能があるはずだ。世の中に同じ人間は
誰1人としていないのだから。誰かを養うほどの稼ぎを得られなくとも、
その才能で、自分1人くらいなら生きていける。
そうした仕事の代表例が、現在でいう「YouTuber」だろう。
アカウントさえあれば誰でも動画が投稿できるし、高い機材を買う必要もない。
他にも、InstagramやWEARなど、プラットフォームは多様だ。
100万人もフォロワーがいたらそこから事業だって立ち上げられるし、
テレビに出演してタレントになったり、本を出したりすることもできる。

OCHIAI'S NOTE:

これは、インターネットによって**時間と距離をコンテンツが超えた結果**[*2]だと思う。

一億総クリエイター時代

刑務所で感じた、予防医療ビジネス流行の兆し

僕は今、予防医療に力を入れている。服役中に歯のないおじいさんの
高齢者介護に携わったことがきっかけだ。
もっと早い段階で生活習慣の改善ができていれば、
防げたことがあったはずだと考えたのだ。
「歯周病を防ぐには、ブラッシングだけでなく歯石除去してもらうことが必要」
といった何も難しくない情報が、一般の人には届いていない。
海外では保険と予防医療を結び付けたサービスが数多く展開されている。
たとえば、特定の検査を受けると保険料が安くなるといった
インセンティブ設計を行なえば、誰もが楽しく健康に生きられる
社会になると思う。日本は、予防医療が海外の先進諸国に比べて
立ち遅れているから、チャンスも大きいのではないだろうか。

予防医療

宇宙開発

宇宙開発はコストの問題

人類は50年前、すでに宇宙に到達している。その後、一般人が

宇宙に行くことができていないのは単にコストの問題である。

宇宙開発の主導権を民間企業が握れば、今後コストは格段に下がる。

実際、超小型衛星を飛ばして観測データをビジネスにする会社が生まれるなど、

衛星を使ったビジネスは徐々に増えている。衛星打ち上げロケットが

一般化されたら、次は地球に比較的近い小惑星の探査がはじまる。

小惑星には鉄やニッケル、レアメタルなどの金属資源があるといわれていて、

ビジネスチャンスが山ほど眠っているのだ。

感情のシェア

これからの幸福の指標

現在、世界で大ヒット中のSNSアプリ「Snapchat」は、感情をシェアすることで

急速にサービスを拡大した。開発者のエヴァン・スピーゲル氏も、

「重要なのは『楽しさ』だ」と語っている。

僕は、これからの幸福の指標は「感情のシェア」だと考えている。

「楽しい」「うれしい」「気持ちいい」といった感情をシェアすると、

そこにたくさんの賛同者が集まる。Chapter 4で詳しく話すが、賛同者との間に

信頼関係を築くことができれば、お金はいつでも生み出せるようになる。

むしろ、お金なんかなくたって、仲間が君を助けてくれるようになる。

海外の旅行事情に学ぶ、観光業の可能性

海外の旅行事情をみれば、これからの旅行業界は可能性で溢れている。

日本人にとっての旅行といえば、観光地を回ってご飯を食べる

というものが主流だが、海外では、そうした画一的な旅行プランは人気がない。

たとえば、欧米人はバンコクで現地の料理教室に通う。

ここで重視されているのは現地に行かないとできない体験だ。

「ちょっとマイナーなアクティビティ」や「そこでしかできない体験」

を提供するサービスは、今後重宝されるだろう。

また日本は、富裕層向けの宿泊施設が非常に少ない。

そのため、海外の超がつく富裕層たちは、他のアジア地域に訪れている。

1泊100万円でも泊まる観光客は必ずいるので、温泉をはじめ、

シェフが地元の高級食材で食事を振る舞うなど、

「現地ならでは」と「富裕層向け」を掛け合わせたサービスを

考案してみてはいかがだろうか。

OCHIAI'S NOTE：

ここでもアーティスティックな感性と固有な価値観が重要になる。

観光業

AIを操る

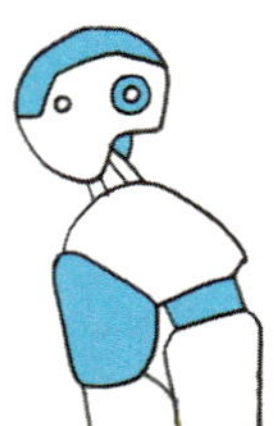

「クリエイティブすら模倣するAI」を操る

AIに仕事を奪われる未来が来るなら、AIに関連する仕事が社会システムの要請によって増える。つまり、「AIを含む技術トレンドは、次はこういうことをやりたがっている」といったことが読める人は今後も重宝されるだろう。僕らは、AIにできないことを代わりにやるための装置として社会に雇用されるのだから。具体例を挙げると、ハードウェアを扱う仕事に注目してみるのはいい考えだと思う。ディープラーニングによって統計処理のできることが増えれば、それだけデータが膨大になるため、処理速度がついていけなくなる。そういったプロセスが快適に作用するだけのハードウェアを開発できれば（おそらくは量子コンピュータかもしれないが）、ビッグビジネスになるだろう。

音声認識技術

誰もが望むシステムは伸びる

今、Siriなどの音声認識技術が急速に進化している。したがって、音声認識を軸としたユーザー・インタフェースを作る仕事はこれから増えていくだろう。Googleの子会社のGoogle DeepMindでは、読唇術の論文を書いていたこともある。口の動きだけで何を話したかがわかれば、声を出さなくても音声認識が使えるようになる。行きたい場所までの行き方を調べるとき、「地図アプリ」を立ち上げて住所を入力して、という手順を踏むよりも、「Hey! Siri.現在地を教えて」のほうが圧倒的に早い。誰もが不便なシステムより便利なシステムを望むのだから、そうした社会システムの要請の機微に触れられるセンスを持っていれば、今後伸びていく仕事がわかるだろう。

未開の地を拓くのは、いつだって人間である

堀江さんが「人類は50年前に、すでに宇宙に到達している」と言っていたが、やはり、未開の地を拓くのは、いつだって人間なのだ。

今のところ、統計処理からもたらされる最適化プロセスには「これがやりたい」という動機がない。ゴールを与えれば人間には太刀打ちできないスピードと精度でそれを処理するのに、いつも指示待ちなのが残念なところだ。

つまり、モチベーションを持って働けるところに人間の役割があり、人間社会をどうしたいか、何を実現したいかといったモチベーションは、常に人間の側にある。その達成手段にコンピューティングがあると考えていれば、少なくとも技術に使われるのではなく、技術と人のエコシステムを使う側にいられる。

堀江さんの言う通り、仕事は「受けるもの」ではなく「つくるもの」。マインドセットが変われば、「生まれる仕事」の側に居続けることができる。

新たな未開の地を切り拓いた例として、今やテレビに出るまでになったＶＴｕｂｅｒ（バーチャル・ユーチューバー）の「キズナアイ」が挙げられる。ＹｏｕＴｕｂｅｒは本人が出演するが、ＶＴｕｂｅｒは自分ではなくアバターが出るため、自分を前面に出すのが得意でない人でも世間の視線を集められる点でパラダイムシフトといえる。輝ける場所がないのなら、自らムーブメントを巻き起こしその分野の先駆者となればよい。10年後のオススメの仕事は、ＶＴｕｂｅｒになっているかもしれない。

HORIE'S POINT

ウサイン・ボルトを見習え

ＡＩに仕事が代替されていく未来において、いったいどんな人が価値を持つのだろうか。まだわからないという人には、「ウサイン・ボルトを見習え」と言いたい。１００メートルをいかに速く走れるかは、実社会ではまったく役に立たないスキルだ。ボルトは、足が速いという、誰にも真似できないが、社会にとって不必要な仕事をしている。しかし、彼は世界中で人気があり、高収入だ。

僕だって、バイクに乗ればボルトくらい一瞬で追い抜ける。ただ、同じ条件で勝とうとしたら、もう1回生まれ直す必要がある。つまり、この代替不可能性に人は熱狂し、価値を見いだしているのだ。もちろんボルトには生まれつきの才能があるだろう。ただ、走ることは好きで好きで仕方なかったはずだ。

代替不可能な価値のつくり方は、すでに繰り返し述べた。

改めて整理すると、大事なポイントは次の2つだ。

- **好きなことに没頭し、仕事になるまで遊び尽くす**
- **好きなことを掛け合わせ、「100万分の1」を目指す**

ここまで話を読んでくれた君たちは、きっとこれからの時代を生き抜くヒントを理解しているはずだ。とにかくシンプルに、好きなことにひたすら熱中していればいい。

次章では、「なぜ代替不可能な価値にお金が払われるか？」について語ろうと思う。その中で、あらためて「お金の本質」と、「変わりゆくお金のあり方」について説明しよう。お金の正体を知り、〝人生100年時代〟を心ゆくまで全うしようではないか。

＊1 **アーティスティックなものの価値** 人間の試行錯誤の蓄積によってできる文化価値。

＊2 **時間と距離をコンテンツが超えた結果** 今まで必要だった時間的、距離的な制約をコンテンツがインターネットによって超えられるようになった結果。

Chapter

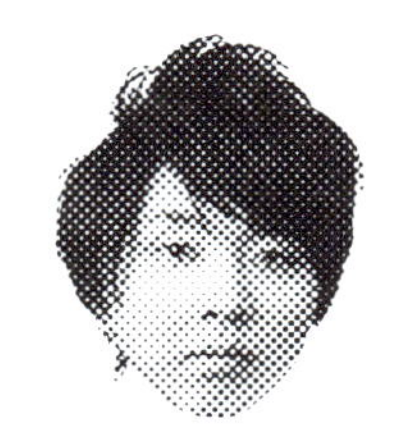

お金の未来

〝マネー〟としてのお金は廃れ、
信用が価値を紡ぐ時代へ

お金は信用である

「お金」というものが変わろうとしている。

貨幣というものの形をした「お金」から、

信用に基づく「仮想通貨」「暗号通貨」へ。

それに応じて社会も変わろうとしている。

まずは「お金」そのものについて考えてみよう。

OCHIAI'S POINT

歴史から見るお金の本質

Chapter2・3では、社会の技術的最適化によって、仕事のあり方が変わっていくさまを具体的に述べた。仕事のあり方が変わっていけば、当然お金のあり方も変わっていく。本章では、お金の本質に触れつつ、現行の貨幣経済がどれだけ無駄にあふれたシステムであるかを解説しよう。と、その前に、そもそもお金がどうやって誕生したのか、ざっくり歴史を振り返ってみたい。読者の皆様には少々退屈かもしれないが、中学・高校の社会の授業のことを振り返りながら、お金の本質的な意味を考えていただければと思う。

お金や契約や原始社会のルールが存在する以前、「他人」はとても信用のできる相手ではなかった。いつ自分の持ち物が盗まれたり、襲われたりするかわからないからだ。物々交換という手段は存在するが、無事に交渉・交換が完了するまでには、疑いと相手に対する不信がつきまとっていた。気安く他人に話しかけたりすることはできなかったのだ。

この相手に対する「不信」が、お金の出現によって解消されるようになる。つまり見ず知らずの相手があなたの持ち物を求めてきたとしても、お金を見せることで信頼して交渉に持ち込むことができるようになったのだ。「お金＝価値の存在証明」の誕生である。お金の出現により、人間同士で信じ合えるようになったのだ。

さらに、お金によって生まれた信頼感でつながり合うことで、加速度的に豊かな社会へと発展することができたのである。つまりお金とは、もともと「信用」の証明だったといえる。

なぜ、「仮想通貨」なのか

後ほど堀江さんからも説明があるが、現在、お金そのものは余っているのにうまく回らない状況になっている。多くの人が豊かになった実感を得られないのもそのせいだろう。

一方、最近話題のビットコインをはじめとした仮想通貨についてはどうだろう。これは今までの資本主義のマーケットとは異なる**「派生的なもの」**[*1]を作ったことで、**「資本主義」**[*2]**とは違うロジック**でお金が回るようになったと考えられる。

少し前から、評価経済やシェアリングエコノミーといった概念について話す人はいたが、それは、シーソーに例えるなら片側の概念だけが先行して存在し、もう一方の「通貨」に当たるものがなかなか乗ってこなかった。最近になって、仮想通貨、暗号通貨が、加速的に議論の対象になり、もう片方に乗りはじめたことで、ようやくシーソーが動きはじめたのだ。それは信用や評価を共有しながら動く経済といえる。

「お金が余っている人」がそれに気づき、一気に仮想通貨に投資しはじめたのが2017年頃だった。個人的には、インターネットと同じレベルの可能性は持っているのではないかと思う。

OCHIAI'S POINT

もう、現金はいらない

ここまで本書を読み進めてくれた皆さんは、いわゆる物理的な貨幣としてのお金に本質的な意味がないことを、おわかりいただけたのではないかと思う。法定通貨と国家の関係性は強固であることは間違いないのだが、先物は現物を提示できるが法定通貨にそれがあるか、考えてみるといい。

お金というのは本来、「価値を交換するための単なるツール」にすぎなかった。貨幣に価値があるのは、「貨幣に価値があると誰もが信じている」からだ。つまり逆をいえば、貨幣でなくとも、信用を担保にした新たな経済指標（貨幣に代わるもの）が生まれることも当然である。

これからの世の中、物質的なもの、目に見えるものの価値に対して通貨として価値づけしていくということは減っていくだろう。むしろ**可搬性**[*3]**やセキュリティ**を考えるとそうならざるをえない。今後は「信用」を担保に価値交換がなされていき、お金の本質的な意味に基づいた価値交換がされていくのだ（信用が価値になることについては、次項で堀江さんが中国の「芝麻信用（ジーマ）」を用いて説明してくれる）。

たとえば、お金を必要としている人にインターネットを通じて支援ができるクラウドファンディングがそうだ。西野亮廣さんが、これを使って資金を調達し、絵本を描いたことで知名度が上がりつつある。また、信用をベースにしたビットコインなどの仮想通貨も誕生している。

たとえば時間を売買できるサービス「タイムバンク」は、その人が持っている本質的な時間価値を可視化してくれる。個人の価値を株式に見立てて数値化してくれる「ＶＡＬＵ」も、お金の本質を炙（あぶ）り出すサービスだ。

これらはすべて「信用」を担保にお金が発生するようになっている。「この人に投資することで、自分にとって有益な情報を提示してくれるだろう」という信用だ。

これからの時代、信用を貯めていれば、いつでもお金を得ることができる。そうした理解が、徐々にではあるが、市民権を得てきている状況は肌で感じられるだろう。

HORIE'S POINT

芝麻信用に見る中国の先進性

中国の芝麻信用をご存じだろうか。芝麻信用は、中国のＩＴ企業・阿里巴巴（アリババ）が運営する電子マネー「支付宝（アリペイ）」を利用する上で活用される、使用者の信用度を数値で算出するサービスだ。信用度を表すこのスコアが高いと、消費者金融で審査がすぐに通ったり、部屋を借りる際に敷金が「なし」になったり、様々なサービスを享受できる。

一方で、もし万引きが見つかったりすると、このスコアが下がり信用の喪失につながるため、万引き抑止にも作用している。技術によって社会全体を最適化させる好例といえるだろう。

僕は日本にも早くこのシステムを導入すべきだと思っている。しかし、日本のように先進国といわれていた国は、既得権益のような抵抗勢力があり、進歩が阻害されてしまう。その阻害があることで、旧来のシステムを惰性で続けてしまう。相当な危機に陥らないと、惰性はなくならない。この体制は、会社の倒産や大地震など、大きなクライシスが訪れないと変化することはないのではないか。

お金を貯めずに、信用を貯めろ

まずは、お金に対する考え方を変えたほうがいい。

時々、僕は「どうしたらお金が儲かりますか」「どんな株や仮想通貨を買うと、値上がりしますか」と聞かれることがある。

そういう人に対して、僕はこんな質問をする。

「お金を儲けて、どうしたいんですか」

そのとき「お金を儲けたいからです」という答えが返ってくると、がっかりする。

そもそもお金は何かをしたい人のためにあるもので、貯めたいと思っている人のところにただ貯まっていても、少しも世の中のためにならない。

そこを考えてみてほしい。

また、そもそもビジネスとは信用のやりとりに他ならない。人間関係を円滑に保ち、いつでも助けてもらえる体制づくりをしておくべきだ。それと同時に、新しい人間関係を常につくることも意識しよう。

「人間関係」や「信用」とはいっても、「八方美人でいろ」と言っているわけではない。2006年に僕が証券取引法違反で逮捕された後、投資をしようと思っていた会社から「本当は投資してほしいが、投資を受けると上場できなくなるから」と言われて、結果的にできなかったケースがあった。この話を聞くと「何が信用だ」と思うかもしれないが、そんなことでなくなるような信用は、本当の信用とはいえない。

パブリックな薄っぺらい信用はどうでもいい。僕にはがっちりグリップしている一定の層がいて、僕はその人たちを大事にしてきたし、その人たちも応援してくれている。**もともと僕は、わかってくれる人だけわかってくれればいいというスタンスでやってきた。**

実際にわかってくれている人はずっとわかってくれている。これが僕の言う「信用」であり、大事にすべき「人間関係」だ。

お金というのは本来、信用や価値を交換するための単なるツールにすぎず、それ自体に価値があるわけではない。持っているものをシェアし合える強固な人間関係があれば、お金がなくても生きていける。外食をするお金がなくても、信用があれば、知り合いにおごってもらえるかもしれないし、友達同士、安い食材を持ち寄って、みんなで炊事をしてもいい。

起業するお金がなく、銀行も貸してくれないというのなら、SNSでお金がないことを訴えたり、親や友人から借りればいいだろう。僕だって、最初に会社を立ち上げたときは、貯金が何万円しかなくて、知人から借りた。今ならクラウドファンディングという方法もある。それができない人は、お金ではなく信用が足りないということだ。

だから、まず貯めるべきはお金ではなく、信用ということになる。人から何かを頼まれたら、期待に応えるように尽くす。金欠の知り合いに、飯をおごる。そうした行為の積み重ねが信用を築いていく。

結局、必要なのは、お金よりも信用なのだ。

だから、お金で買える信用があれば、どんどん買ったほうがいい。落合君も、自分の学生を育てるのにお金を使うのが好きだと言っていたが、そうした考え方は大切だと思う。

この間、誰が一番貯金が少ないかという話を知人としたが、お金持ちでも、貯金が少ない人は意外と多いのだ。

「お金」に関する間違い

「お金」が変われば、必然的に社会も変わっていく。

たとえば、現金、持ち家、預貯金というものも、

社会から見て非効率になりうるだろう。これまでの社会では

「普通」だったことが、今後は変わってしまうかもしれない。

「お金」に関する考え方をまとめてみた。

モノとしてのお金がいらない理由

信用を担保に価値が生まれ、お金が生まれる。お金のあり方が最適化されていくと、現行の貨幣経済がいかに不合理であるかが見えてくる。たとえば、現金を持ち運ばなくていいようにATMがあるが、ATMを利用するたびにお金をすり減らしていることに疑問を持つ人は少ない。マネタリーベースでマネーサプライに乗らない仮想通貨のことを考えてみよう。

スマートフォンで会計ができる今、現金を持つことは盗まれるリスクしかない。そのことを考えれば、もはや貨幣なんて現在の社会ニーズに合致していないことがよくわかるだろう。ATMにお金を用意するためにも、硬貨は重いしセキュリティも万全を期さなくてはならないので、それだけで多額のお金がかかる。そもそも1円を造るのに1円以上かかるという。

僕は、普段から現金は1500円程度しか持ち歩いていない。財布をなくしてしまったときの代償が大きすぎるからだ。わざわざリスクを冒してまで現金を利用しようとは思わない。決済はほとんど電子マネーで済ませてしまう。

また、日本人は、カード決済する際の手数料に敏感な割に、ＡＴＭ手数料を気にする人は少ない。むしろカード決済なんて、１回払いならお店が手数料を持ってくれるのだから、都度ＡＴＭでお金を引き出すよりもはるかにお得だ。それなのに、わざわざ現金を使いたがる日本人の思考は理解しがたい。手数料という〝現金利用税〟を支払ってまで、わざわざ現金を使いたがる理由が、正直にいって僕にはわからないのだ。

そもそも、ＡＴＭは世の中にある最強のロボットの１つだと考えている。信用情報とネットワーク機能が紐付いていて、盗難防止策を徹底した厳重なセキュリティが備わっている。そして、紙幣詰まりが起こることはほとんどない。非常に複雑な構造をしたロボットなのだ。

しかし、本当にそんなに複雑な機械が必要だろうか。ただ、Ｓｕｉｃａを用いて電子マネーでやりとりすればいいだけの話だ。それなのに壊れてしまったら大変なものを、わざわざセキュアでない**紙幣[*4]というエコシステム**のために製造するなんて本末転倒である。

中国では露天商だってQRコードを使う

中国では今、急速にキャッシュレス社会が進み、QRコードでの決済が広がっている。いまや露天商でも使っているし、ホームレスだって、この仕組みを使って物乞いをしている。日本は、どれだけ遅れているのだ。

HORIE'S POINT

「100万円あったら貯金」は70年以上前の考え方

ATMでお金をいちいち引き落とすのも馬鹿馬鹿しいが、そもそも預金をすること自体ナンセンスな考え方だ。預貯金がどれほど意味のない行為かは、1940年代の日本をみればよくわかる。

そもそも日本が預貯金を奨励した背景には、第2次世界大戦期の〝ぜいたくは敵だ！〟の考え方がある。**70年以上前に美徳とされた考え方を、今でも引きずっているのだ。**

子どもから大人まで、すべての国民から膨大な戦費を調達する集金システムとして郵便局は構築された。国家を成長させる運転資金を集めるために、預貯金は美徳とされたのである。「預金残高が多い＝幸せ」という構図は、明治〜昭和期の国のプロパガンダに嵌(は)められていることを知っておくべきだ。

今の日本はお金が余って仕方のない「カネ余り」の国だ。マイナス金利の上に、お金の供給量を増やしたから、たくさんお金はある。

それでも庶民がそのことを実感できない背景には、余ったお金が最適に分配される仕組みがないことが挙げられる。それほどお金が余っているのならみんな投資に回せばいい。

しかし、銀行としては、魅力的な投資先がないために、お金が眠ったままになる。個人も、70年以上前の「預貯金は正しい」という考え方の本質を理解せず、なんとなくタンスにお金を入れてしまう。結局国家がお金を刷る以外にお金を流通させる方法がなくなっていくのだ。

そうした状況の中で魅力的な投資先が見つかると、そこにお金が一点集中する。大きな水風船が破裂寸前になっているところに、テクノロジーが小さな穴を開け、中に入っていた水が一気に溢れ出すようなものだ。すると、小さな穴を開けたある個人が一気にお金を手にするわけだ。

すると今度は、お金を得た個人がカネ余りに直面する。特に使いどころもないから、投資をするが、投資をした結果また儲かってしまう。すると「お金には意味がない」ことに気づく。水風船の割り方を覚えると、いつでもお金が得られるようになるから、もう実質お金なんてなくてもいいと知るわけだ。

今、そうしたお金持ちをはじめ、多くの投資家は「カネ余り」に直面しているため、いいアイデアがあれば、そこに投資したいと考えているだろう。

この例に限らず、今はどんどん自分のアイデアを世に出していって、共感してくれた「お金持ち」から出資してもらうことが可能だ。クラウドファンディングや、サロンなどマッチングしやすい仕組みもできている。

学生であろうと、なんであろうと関係ない。自分がイケると思ったものを発信することが、これからの世界で求められていく。

持ち家信仰による負の遺産

少し話が広がってしまったが、持ち家信仰も幻想にすぎない。

戦前の大正時代や昭和初期、東京の家の9割以上は借家だった。決して持ち家信仰がもとから根強いわけではなかった。

戦後、所得倍増計画の一環として「持ち家信仰」が唱えられはじめた。所得倍増計画とは、池田勇人内閣政権下で実施された長期経済計画だ。これは実は非常に単純な仕組みで成り立っている。住宅が1棟売れると、資材や設備が売れ、大工には給料が入り、そのお金は生活費として使われるなどして、お金がどんどん世の中を駆け巡る。この経済波及効果があるため、特に住宅は効率よくお金が回せると考えられていた。ローンを使って家を建てさせれば、金は余すことなく世の中を回る。するとＧＤＰが拡大していくというロジックだ。だから、国も民間もこぞって家を建てるように奨励した。

しかし、日本では建て終わると、その持ち家は負の遺産になる。中古住宅にきちんと値段がつく欧米と違い、新築信仰の強い日本は、買った瞬間に住宅の価値は下がり、一戸建てでは築20年ほどでゼロになってしまう。日本では住宅＝資産という考え方はなく、むしろ、お金を生まず税金ばかりとられ流動性がないという「マイナスの資産」になる危険性が高いのだ。

あり余った金は、必要とする場所へ流すべき

税金の意義はどこにあるのだろうか。それを考えたことがある人はどれくらいいるだろう。今まで税金の意義は、全員から義務的にお金を徴収し、社会に必要なことのために還流する、といったことだったのではないかと思う。

先ほども説明したように、今、お金はあり余っている。クラウドファンディングやＶＡＬＵが流行っているのを見ればわかるように、お金はいくらでも借りられる。必要なプロジェクトを行

なうための資金調達ができないという理屈は成立しないはずなのだ。

そうなったとき、税金が賄うべき範囲はどこまであるのだろうか。「社会に必要なこと」は何なのか。**僕は、徐々にやりやすいことから、税金で賄う範囲を狭めていくべきだと思っている。**一番変えづらい防衛予算などはさておき、交通局が運営する地下鉄やバス、水道だって民営化したほうが効率的な事業はたくさんある。駐車違反を取り締まる仕事なんて、警察ではなく民間でやればいいいと思う。

そう考えていくと役所がやっている事業はほとんどいらなくなる。結構な予算をカットでき、供給すべきところに税金を当てはめることができるだろう。

OCHIAI'S POINT

税金はポジティブに運用されるべき

堀江さんの話に続けて、僕も日本の税制には疑問を感じることが多い。特に、地方創生の予算のつき方は完全に「バラマキ予算」の典型だ。税金の用途に関する議論をすべき人がもっとたくさんいるはずなのに、国会はその機能を果たしきれていない。そのため、正しい意思決定もなされないのが問題となっている。[*5] **クールジャパン**は戦略の名前であって特定のものを指すことはないが、これは実質的にクールトウキョウである。人口過密が産んだエコシステムによって地方がイノベーションされるのだから、地方創生は本当に予算がつくべきなのかは甚だ疑問だ。

そういった意味で税金が正しく公共サービスの基盤として利用されているのか、疑問を感じる。税金は企業や自治体がサービスを開発するための資金とする必要があり、やみくもにお金をばらまけばいいわけではない。しっかりと成長が見込めそうなところを支援するべきなのだ。

沖縄県や鹿児島県奄美諸島に存在する「模合（もあい）」という制度をご存じだろうか。「模合」とは、複数の個人や法人がグループを組織し1口3000～5000円程度で掛け金を払う、相互扶助システムのようなものだ。グループ内において冠婚葬祭など、急にお金が必要になったら、そこからお金を引き出せる。

本来、税金はこうしたポジティブな動機から支払われるクラウドファンディング、あるいは「投資」的な面が必要だと思う。

これからお金とどう付き合っていけばいいか

「信用」を運用する方法

ここまでお金と社会がどう変わっていくかについて述べた。

今後は、自分たちの生き方やお金との付き合い方も変わっていく。

「信用」に基づく社会では、いかに自分の「価値」を

「交換しやすくしていくか」も大事なことになる。

以降では、これからの「お金」や「価値」との

付き合い方について考えてみよう。

OCHIAI'S POINT

〝借りる〟と〝預ける〟は表裏一体

お金の動きについて感じていることは、借りるのも預けるのも実は結構似ているということだ。「借りる」と「預ける」は、一見すると対極の行為のように思えるが、どちらも行なうことで関係性が強化されるという点で似ている。

僕は何度か研究でクラウドファンディングをやったことがある。クラウドファンディングというと、プロジェクトや作品に共感した人がお金を支援するという構図に見えるが、実はギブアンドテイクが存在している。

クラウドファンディングには、出資してくれた人に対して「リターン」というお返しがある。このとき、普通にお店で買えるものをリターンにするのではなく、お店で買えない、付加価値のあるものを提供することが重要だ。お店に行けば買えるものや、資金を受けとる人間の自己満足になってしまうようなリターンは出資者の心には刺さらない。僕が今までやったことのあるリターンとしては僕と1時間スカイプで会話ができるといったものがある。

こういった付加価値のあるリターンをしていくことで強い関係性が生まれ、信頼が生まれていく。借りることと預けることは表裏一体の性質を持っているのだ。つまり信頼性の構築こそが大きな価値になる。

OCHIAI'S POINT

給料ベースで考えるな

もし今あなたが「今月の給料はいくらだから、そこから必要なお金を引いて、あとは貯金」などと、給料ベースでお金のことを考えているなら、お金の本質は見えづらくなる。

大事なのは、「お金」も「価値」も循環させていく、ということだ。

世の中にお金が回るようにしようという方向に社会が向かえば、借金は普通のことになる。むしろ個人が、「借りたお金を運用する」というスタンスにならないことが不思議に感じる。つまり、いつでもお金を借りられる人にならなくてはならない。

HORIE'S POINT

簿記を学べ

「借りる」ことに抵抗感を持つ人は少なくない。もしそうなら、1度「簿記」で考えてみてほしい。

僕は、AI時代であっても、「簿記」はぜひ理解してほしい知識だと考えている。BS／PLがわかると、世の中の仕組みがかなり見えてくる。

たとえば、銀行のBS（貸借対照表）は普通の会社と逆になる。つまり、普通の会社なら、「資産」の部の上のほうに預金を載せるが、銀行にとっては負債になる。

そう考えると、どちらがどちらに載っているかは、それほど関係がないわけだ。

結局、借りられる人が一番強いのだ。

お金を持っている人に、「僕に任せてくれたら、お金を増やしますよ」と言って、実際に増やしてあげればいい。

「なければ借りる」。これができる人は一番強い。

借りているようでwin-win。秋元康さんとの飲み会

僕は、秋元康さんとたびたびご飯に行く。その度、秋元さんは食事代をすべて奢（おご）ってくれる。

食事がタダなだけでなく、秋元さんの仕事論、人生観など非常にありがたい話が聞ける。この食事会は何十回と行っているのだが、こんなありがたいことがあるだろうか、と毎回思っている。

この会自体、僕にとってのメリットが非常に多く、秋元さんにメリットがあるのか不思議だった。だが、食事を重ねていくにつれて秋元さんは僕たちを呼んで、実は情報を吸い上げていることに気づいた。僕が秋元さんの話を聞いているようにみえて、秋元さんにコンサルしてるような構図になっていたのだ。

僕らからしたらすごく実りの多い会だ。秋元さんに負けずとも劣らない著名な人たちが食事会に来ていて、その人たちの話を吸収できる。一方で、秋元さんにとってもいい投資になっていた。僕の話を聞いて、いろいろと吸収していたのだろう。

秋元さんとの食事会は、win-winの投資の例だと思う。秋元さんは、このような人脈を山ほど持っているのだろう。**だから秋元さんの周りにはすごい人材が集まるし、ミリオンを連発できるアウトプットを長い間書き続けることができる**のだ。

OCHIAI'S POINT

学生は「polcaおじさん」に甘えよう

「polca（ポルカ）」というサービスをご存じだろうか。家入一真さんが代表を務めるCAMPFIRE社がリリースしたサービスで、不特定多数から支援を募るクラウドファンディングに対し、ＵＲＬを知っている人のみが支援できる〝フレンドファンディング〟だ。「怪我をしたので治療費を募りたい」「友人の誕生日プレゼントを買いたい」「家族と旅行に行きたい」等、日常で資金需要が発生した際に、友人・知人に限定し支援を募ることができる。

僕はいくつかの大学で、最後に作品の展示を行なうタイプの授業を受け持っている。最近は学生に「展覧会の資金集めにはｐｏｌｃａを活用して」と言っている。普段忙殺されているおじさんはそのような学生を見ると、ついお金をあげたくなるのだ。学生の展覧会に自分の名前がクレジットとして表示されるというだけで、お金が余っているおじさんだったら1万〜2万円ぐらいはポイと送金してくれる。僕だってそうだ。それは西麻布で女の子に奢ることの50倍、１００倍、１０００倍有意義だし、さらにはビールを差し入れてくれることすらあるかもしれない。「そんなことあるかよ」と学生は言うのだが、そんなことは大いにある。実際、僕が学生に対して、そのような気持ちで仕事をしているからだ。

母校でイベントをやりたいと言ったら、お金を出そうと言ってくる人は必ずいるものだ。それでもこれまではその仕組みがなかった。ｐｏｌｃａのポイントはそこにある。

大学に「寄付」だと堅苦しく手続きが面倒に聞こえるが、ｐｏｌｃａだと軽い気持ちでお金をパスできる。

昔は予算をとらなければならなかったことが、今ではカジュアルにお金を集めることができる。「ｐｏｌｃａおじさん」という言葉通り、余ったお金が若い人に還元されやすくなっている。学生がそれに気づいていないのがもったいない。学生はもっとｐｏｌｃａのような投げ銭型のサービスを利用して、世代を超えてお互いに価値を回していこう。

OCHIAI'S POINT

何が「信用」「価値」になるのか

本章の冒頭で、「信用」が価値になる話に触れた。では、何が「信用」となり「価値」となるかをさらに具体的にみていきたいと思う。

「知名度」はわかりやすい信用＝価値になる。何か自分が突出してできる「能力」や「スキル」も価値に変換できる。さらに「未来を予測するためのリサーチ＝研究」も価値があるし、これらはお金が集まる要素になる。

一見すると、金銭価値に直接変換できないような物事がこれからは「経済活動」になっていく。これからの時代、「時給○○円」と明示的に定型化された労働に自分を当てはめるのではなく、自分固有の価値や信用を生み出すことに時間を使おう。ＶＡＬＵやタイムバンクなどが流通するにつれて、この考え方が最近広まってきているのは、歓迎すべき流れだろう。

交換できる価値の缶詰をつくろう

今まで、「信用」が価値になること、そしてその「信用」には知名度や能力、リサーチ力など、様々な要素があることを説明した。ここでは、「価値」について掘り下げたいと思う。

「価値」を考える上で大切な考え方として、「交換可能性」がある。自分の能力、作品が交換可能なのか、交換不能なのかを見極め、他人に提示する自らの「価値」を見極める必要がある。

たとえば、他人の健康は、自分の健康に置き換えることはできないので、「交換不能」。同様に、自分の足の速さも「交換不能」だろう。しかし、自分が持っている指輪は「交換可能」だし、自分のつくったクリエイティブ作品も「交換可能」だ。もっというと、目に見えない「自分ができること＝スキル」は交換可能な価値になる。好きなことを散々やって、できることを増やし、自分を価値資本でいっぱいの「価値の缶詰」にしよう。

交換不能な価値は、他人に訴求するのが難しい。一方、交換可能であることは、価値があるということだ。何が「交換可能」であり、何が「交換不能」なのか。その区別に意識的であることが重要だ。それは長きにわたる熟成と経験によって成り立つものなのだ。

一人ひとりが市場になっていく世界

僕はVALUというサービスでアカウントを持っている。どんなものか説明すると、まずフェイスブックやツイッターのフォロワー数などを基準に、個人の価値を判定し時価総額が算出される。個人はこの価格を基準に「VA」という細分化された擬似株式を与えられて「上場」し、VALU内で売り出すことができる。フォロワーに擬似株式のようなものを買ってもらうことで、その人の活動資金になる。ただ、このVAはビットコインでないと買うことはできない。また、多くのVAを買ったところで、その人の人生を左右するといった議決権はない。

僕のVALUに関しては、約8億円ものお金がやりとりされている。面白いのは、僕のところで1つの「市場」が生まれていることだ。僕にそのお金の売上があるわけでなく、僕が発行したものが売買されることで多額のやりとりを生んでいる状況である。VALUがクラウドファンディングと違うところは、即座にリターンを用意しなくてもよい点だ。たとえば僕がこれから数年後により功績をあげる人材になるなら、その先々を見据えた価格設定ができる。信用をベースに、今現在の自分への応援の意味を込めた投資を募ることが可能なのだ。

こうして、一人ひとりが提供できる価値を提示し、その価値を認めた人たちがVAを買っていく。一人ひとりの市場がぽつぽつ生まれてくる。今までの株式市場と違う点は、株を売買して利潤を得るのではなく、先物取引的にその人の能力、知識、サービスを享受し価値を得るという点だ。そのため、上場する人は、自分の能力や知識を買ってもらうために「信用」が必要になる。

もちろん信用があれば、有名ではなくてもVALUが取引されることもままある。サービスを使ってみることで、信用の重要さが理解できるだろう。これから、一人ひとりの市場が生まれてくれば面白い。

＊1 **「派生的なもの」** 資本主義マーケットの中で生まれてきたが貨幣とは質的に違う、という意。

＊2 **「資本主義」とは違うロジック** 資本主義ではあるが、中央集権的ではないために形成された独特のロジック。

＊3 **可搬性やセキュリティ** 財布を持つよりもアプリ等で管理できたほうが送金もストレスレスにでき、物理的に盗まれるリスクも抑えられる。

＊4 **紙幣というエコシステム** 現金を使った決済を行なう経済圏のこと。現金を使用することの欠点としては次の3点などが指摘されている。①現金を全廃した場合マイナス金利政策がより有効に機能すること、②現金は決済手段として非効率であるため、諸外国では小切手を使った銀行振り替え、各種カードや非接触型決済などが、現金に代わる効率的な決済手段として広く使われていること、③現金に備わる匿名性は、脱税や資金洗浄など犯罪者の価値貯蔵の手段となり得ること。

＊5 **クールジャパン** 日本独自の文化が海外で評価を受けている現象、または対象の日本文化を用いた対外戦略の名称。クールは、洗練された、感じがいい、かっこいい等の意味で使われている。

Chapter

日本の幸福と社会について

学校・高齢化社会・テクノロジーの未来を考える

「欧米」は架空の概念、日本の「幸福」を見つけよう

日本人は、外のことを気にしすぎる。「欧米は正しい、欧米はユートピアだ」といった発想はまったく間違っているように思う。

そもそも「欧米化」という概念がおかしい。実際にはヨーロッパとアメリカは大きく違う。したがって、日本人がよくいう「欧米化」は、アメリカとヨーロッパのいいとこどりを試みる架空の概念に過ぎない。日本での研究を例に挙げると、大学はヨーロッパ式で、資本の取り方はアメリカ式にしようとしているから、おかしなことになる。

欧米を目指して「幸福論」を語っていても、日本人はいつまでたっても幸福にはなれないし、**個人や社会という言葉も、明治時代に欧米を見習って発明したもの**[*1]なので、おそらく日本には合っていない。

いっそのこと江戸時代まで戻ってしまえば、もっと日本人に合った幸福が見つかるはずだ。かって江戸時代には多くのお百姓さんがいた。そもそも**「百姓」**[※2]の由来は、100個の仕事をする人のことだ。企画屋さん（今でいうプロデューサー）もたくさんいて、職種も多種多様に存在していた。分業ではなく1人がたくさんの仕事を行なう、自分から仕事をつくっていくプロデューサーが活躍する、様々な職種が次々に生まれる……。

こうした江戸時代の状況は、実はこれからの時代のイメージにも合っているようにも思う。

翻って明治に日本が実行したことの大半は、日本人に向いていなかったように思う。「欧米化」という謎の概念の元、イギリスから、ドイツから、アメリカから、たくさんのものを取り入れた。それがために**憲法**[※3]**は英米法がベースだし、刑法や民法は大陸法といってフランスやドイツから持ってきた**ものがベースの継ぎ接ぎだらけで、まったく無茶苦茶な状況だ。

「幸福」も「個人」も日本由来ではない

ギリシャ時代には、一人称、二人称、そして三人称視点の「幸福」がそれぞれ存在した。今ではそれもうやむやになっている。そもそも**「個人」**[※4]ベースで考えたとき、「幸福」という考え方はおそらく存在しない。「個人」という考え方が生まれたのは、1860年以降のことであり、わずか160年ほどしか経っていないのだ。

ちなみにエジソンが蓄音機を作ったのは、1877年で、アメリカはすでに特許法が存在していた。その頃の日本といえば、欧米を真似て必死に言葉を輸入し、作っていた。おそらく、この中にはやらなくてもいいことも多く含まれていただろう。

たしかに近代化は進めるべきであった。しかし、すでに近代化が終わった今、無理に「欧米化」を追い求めるのはナンセンスといえる。

日本人は「平等」が嫌い？

日本が欧米的な社会に合わないといえる一つの理由は、**「自然契約論」**[*5]に基づいて人は平等であると、おそらく日本人は思っていないのではないかと感じることだ。

たとえば、大岡越前には公平であってほしいのだが、平等であってほしいとは考えない。公平性は求める一方で、あらゆる権利において平等であるべきとは思っていないように感じる。これはやっかいなことで、全員が全員自分で意思決定する、ということを日本人は多分望んでいないのではないか。

公平（フェア）と平等は、まったく違う概念だ。

その意味で、日本人は1度も平等だったことはない。

公平であればいい社会なのだから、そこに「平等」を無理に持ち込まれても、矛盾が生じる。

そもそも西洋の個人主義的な考え方を導入できなかったのだから、平等だの幸福だのといっても自己矛盾で崩壊するだけだ。

アジアの最大の到達点はどんな社会なのか。それは、今の中国のような計画経済プラス資本主義なのかもしれない。共産主義を謳う中国は、トップダウンで物事が決まる体制だけを維持してきただけで、中身は普通の資本主義になっている。江戸時代も同じで、幕府が物事を決めるけれど、実質的に経済は自由で、商人が回している。

アジアの最も安定的な制度というのは、そのようなスタイルなのではないだろうか。

Equality（平等）をdreamにすると、ヒエラルキーができる

少子化を背景に、最近の子どもは6つの財布を持つと言われている。

両親と両祖父母の財布で合わせて6つ。

自己実現のため、6つの財布からはいくらでもお金が出てくる。

たとえば、EXILEが所属するLDHという会社が子ども向けにダンススクールを開講しており、そこに通えばデビューできるかもしれないと人気を博す。

実際にはEXILEの人たちは超人なので、誰でもあんな風に踊れるわけではない。スクールに通うなかで、「絶対に自分は一流になれない」と気づく瞬間もあるはずだろう。そんなとき、お金を出しているおじいちゃんが「やめるな、頑張れ」などと言って続けさせてしまうらしい。それでも、何かの発表でチョイ役での出演が決まることで、家族も「おおー」と感動し、また続けてしまうのだ。

この仕組みのすごいところは、誰でもプロになれるわけではないが、そこをピラミッド構造にして、誰でもある程度は自己実現できるようシステムが設計されていること。

LDHは、「自由 平等 博愛」ならぬ、「Love Dream Happiness」を掲げているが、平等(equality)をDreamにしたヒエラルキーになっているわけだ。

学校・教育の未来

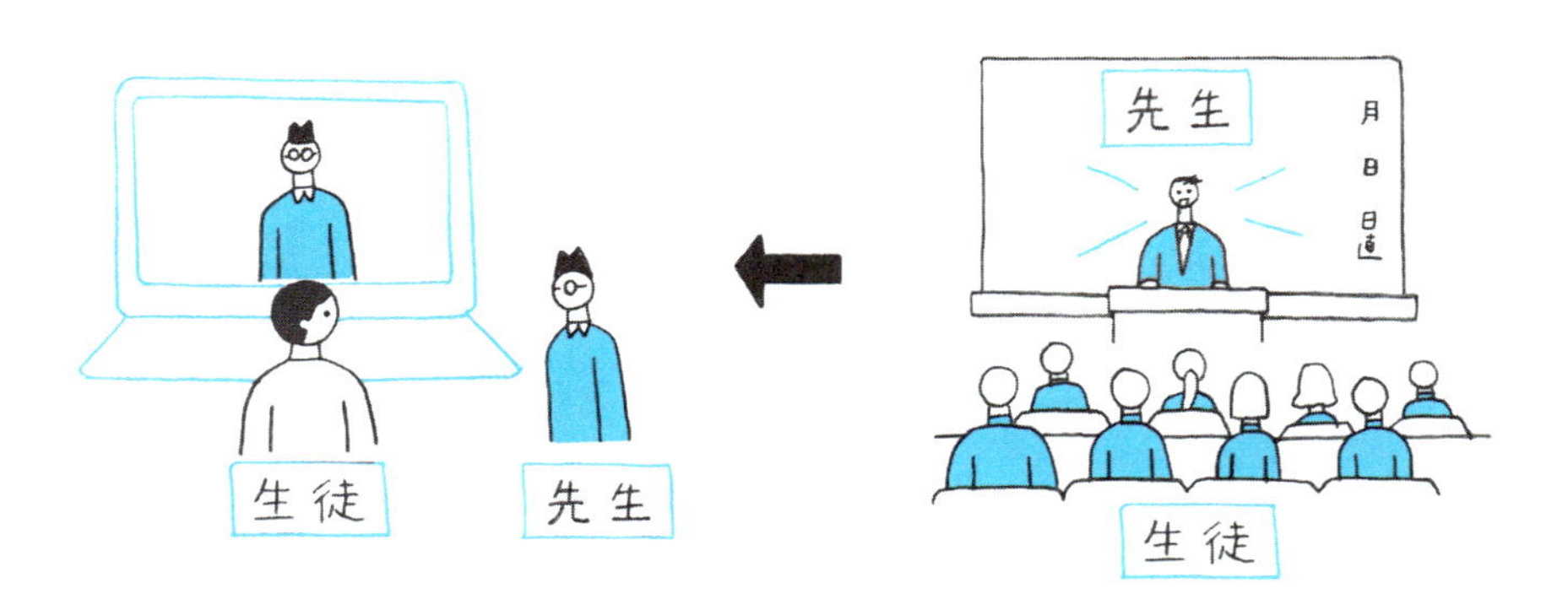

ここでは日本の社会についてお話ししたい。まずは教育の話。

社会が急速に変化する今、学校で教えていることは、実際に役に立つのか。

これは何度も繰り返されてきた問いかもしれないが、

役に立つどころか、害悪になってきていることも多い。

その問題点を見ていこう。

OCHIAI'S POINT

学校はいらない？

現在の日本社会において、その教育システムの中にいる6歳から18歳くらいの子どもたちはあまりにも不幸だと思う。義務教育や高校教育が当たり前だという、あたかも本当のように聞こえる嘘の中を生きていかなければならないからだ。

彼らは旧世代の教育を受け続けることを義務づけられている一方で社会システムは瞬く間に変わっている。「本当はそんなこと学ばなくていい」といったことを、9年ないし15年間やらされてしまう。

大学を運営する側の立場にある僕としては、現状の教育システムを変えられていないことに申し訳なさを感じている。センター試験の穴埋め問題なんて、価値を作り出すこととは関係がないし、まったく意味がない。

昨年30歳になったが、僕が学生の頃はまだ学歴に意味があった。よい大学を卒業していれば、それなりの企業に入ることも可能な社会だったと記憶しているが、採用システムは２０１０年代以降変化しつつある。それなのに、受験と採用、それを支える教育システムはまったく変化していない。

中学生、高校生の段階で、教育システムをドロップアウトできればリアルな社会構造が理解できる。人によってはそうしたほうが長期的な視座が見える選択となりうるが、そういう選択をすると同世代の友達と離れなくてはいけなくなる。それもまた機会損失かもしれない。

その意味で「やめる」という決断を下すのはあまりにも苦痛を伴うため、結局10年もの時間を無駄に過ごすことを義務づけられているようなものなのだ。

もし学校で「給料をもらうことが生命線」「普通でいることが大事」なんて教えられたら、目も当てられない。

僕が子どもを幼稚園に通わせたくない理由

僕にはまだ幼い子どもがいるが、幼稚園に通わせたくないと思っている。もちろん例外も多いが、場合によっては、幼稚園で時間を過ごすことは人生における損になるかもしれない。先述したように、旧世代型の教育は、変わりゆく社会とのギャップを発生させ、活躍できる機会を失わせる。正直、画一性をもった幼稚園に通わせること自体、子どもを騙(だま)しているような気持ちになってしまう。身につけるべき社会性を教えてくれる場所である場合は、かなり少ないようにみえる。

さらにそれが小学校となってくると、もっと話は厄介だ。小学校に子どもを通わせなければ、親は憲法の取り決めを犯していることになってしまう。この選択の自由の点で、今の教育システムは理解しがたい。

何も学校に行かなくても、今はスマートフォンで優秀な先生に指導をお願いできる。教育カリキュラムという観点で歴史を振り返っても、王族や貴族たちの教育は家庭教師だった。そういう教育のための人材として、大学院生もいいだろうし、専門を持った様々な人がそのような時間をやりとりするようなCtoCのサービスに参加しはじめているので、彼らにお願いしてもいいだろう。高い塾に通わせるのと、金額的にもそう変わらないかもしれない。

HORIE'S POINT

同い年の子どもでつるむのは意味がない

30年以上前、小学校に通いながら、とにかくその時間が無駄に感じて仕方がなかった。同い年の子どもだけでつるんでいる時間に、意味がないと感じていたからだ。

小学校から6年ないし9年間同世代の人間とつるみ、それを当たり前だと認識すると、いつまで経ってもその思考が抜けない。

40代になってから、周囲の同世代がつまらなくなっていることが気になりはじめた。人は年をとると、今まで培ってきた人脈や経験にがんじがらめになり、新しい刺激に身をさらせなくなる。**自分を変革し続けるフレキシビリティを失ってしまう**のだ。

下の世代はどんどん優秀になっていくにもかかわらず、時代の変化に取り残された関係性だけで死を待っているなんてあまりにも不自由な人生だとは思わないだろうか。

「堀江さんが様々な人と毎日食事するのは何でですか？」という質問をよくされるが、その理由は1つしかない。「面白いから」だ。面白い人たちと面白い時間を過ごす。その結果、偶然のようにアイデアが生まれ、仕事につながり、遊びにもつながる。

新しいことに興味を失ってしまえば10代でも老人だし、新しい刺激を求め続けるのならば60歳でも若者だ。

それに、同世代とつるむことばかり覚えると、高齢になったとき、若い人たちと仲良くなることもできなくなる。「友達が亡くなってしまったから、誰も話す人がいなくなった」なんてまっぴらごめんだ。

教育の無償化で日本はグローバル社会から遠ざかる

僕は教育者としての仕事もしているので、その観点から3点提案をさせてもらいたい。

Chapter1の話に戻るが、堀江さんのように、オンラインサロンのメンバーを「月1万円で足切りする」のはいい考えだと思うし、僕もそうしている。「1万円は高い」と考える人はやめていくし、「1万円以上の価値がある」と考える人だけが残っていく。つまり、個人を含めあらゆるものに市場経済性が当てはめられた、至極健全な状態になる。そういう意味で大学で学び直すコストを払う（時間的にも、金銭的にも）ほどではない、と思った人が所属するのにサロンは向いている。

その受益者負担という観点からすれば「教育無償化」を掲げる政府の方針には疑問が残る。堀江さんは以前、政府が生活保護を受ける世帯の子どもの大学や専門学校への進学を無償化すると発表したことに「既存の大学の枠組みを残すための税金の無駄遣い」とツイートして炎上した。

しかし、ネットでとやかく批判している人の多くは、誤解をしているのではないだろうか。

僕が教員を務める筑波大学は年間の学費が60万円程度なので、〝5万円フィルター〟をかけていると表現することもできるだろう。

「月5万円を支払う代わりに、筑波大学の学生であるという立場を得る」といった、関係性が得られる。学生は身分が守られているので、たった月5万円で信用を担保できるのであれば安いものである。

一方、無償化してしまうと「学生であること」の価値が見いだしにくくなってしまう。社会人入学も可能なのに高校卒業後は「とりあえず大学に進学する流れ」をつくることで、「大学がつぶれなくなる」と考えているのなら、それは大間違いだ。あらゆることに市場原理を働かせ、価値のある大学だけが残っていったほうが日本にとっていいに決まっているからだ。

堀江さんは、生活保護受給者を苦しめたいのではなく、「市場が健全であるべき」と言っているだけだ。ちなみに優秀な学生は、すでに奨学金で大学に行っているということを前提にしている。ヨーロッパやアメリカでは優秀な学生を無償化するのは当たり前で、むしろ大学から給料を払っているところもある。そうして、国力を伸ばすような人材を育成し大学を中心にした高度教育人材のエコシステムをつくっているのだ。

そういった点で、日本はまたこうして、グローバル化する世界の教育と人材エコシステムの流れから取り残されていく。

先端の研究者を試験官にするのは、経済価値の無駄だと思う

僕は大学の教員なので、年度によっては大学の入学試験の教官を務めることもある。試験時間はずっと立ちっぱなしで、電波もつながらない。もちろん、内職なんてもってのほか。

受験生を動揺させたらいけないのならば、そもそも僕のように顔が世間に露出している人間を試験官にするのは双方にとってメリットがないのではないかと思うが、国立大学という機関は、そうした意見がなかなか反映されない。これも、学校の運営システムのおかしなところだ。

そもそも、裏の仕事(問題作成など)や補助監督業務などに割りあてたほうがよさそうなものだが、そのような意思決定を研究者一人ひとりに合わせて臨機応変に決定するのも難しい。国立大学は、なかなか例外処理もできないのである。

僕はまだいいとしても、存命するノーベル賞物理学者のうち半分が、毎年1月か2月に数日時間を奪われるこの状況はなんとかしたほうがいい。人的経済価値を確実に無駄にしている。そのようなところから変えていかないと、大学は変わらないのかもしれない。

「LIFE SHIFT」モデルの政策は意味がない

政府が新たに打ち出している「人生100年時代構想会議」もそういった学び直しの観点からすると疑問符がつくものである。リンダ・グラットン氏が著した『LIFE SHIFT——100年時代の人生戦略』（東洋経済新報社）をモデルに政策を策定しているようだが、そもそもアメリカやヨーロッパと日本の社会システムは根本的に違うため、現状では意味がないだろう。

同書では、「社会の変化に合わせて学び続けること」を推奨しており、社会人を経て再び教育機関で学び直すことが例に挙げられる。しかし、その考えが日本に適しているのかといえば、そんなことはない。

西洋社会では、そもそも「働く」ことは「アカデミック」の延長線上にない。西洋の大学は卒業が難しいため、大学を出た時点である程度の優秀さが保証される。その上で、試用期間を経て、はじめて社会人になれる。

一方で、日本の大学は遊ぶことが目的みたいなものに成り下がってしまっている現状を、大学教員として申し訳なく思っている。この場合、いわゆる「勉強」をするのは社会人1年目か2年目であり、企業自体が新卒研修やＯＪＴを通して教育システムを請け負っている。以上のように、西洋と日本とでは社会システムが根本的に違う。

その事実を無視して、「再び大学に戻って勉強し直せ」というのはお門違いだ。既存の日本の大学は、基本的に「研究機関」であって、「人材養成機関」ではないように思える。つまり、研究のコミュニティで必要なものは学べるが、社会で求められる能力など、身につかないのである。

高齢化社会の未来

今後日本は人口減少社会に入り、

労働力の減少、年金問題など、様々な課題が生じる。

しかし、**「機械化」**[*6]「予防医療」などが進めば、

ほとんどの問題が解決できる。

ここからは超高齢化社会を乗り切る施策について考えてみたい。

超高齢化社会も「機械化」で乗り越えられる

超高齢化社会に移行しつつある日本で懸念されるのが、前述したような労働力の不足だ。その解決策に、テクノロジーによる労働力自体の増加がある。まずは、そういった業界に対して、本著でも繰り返し述べてきた無人化による進化圧を一気にかけ、効率化・機械化を図る方法があるだろう。

もう1つは、そもそも受益者側の性質と技術を用いて改善することだ。「人とコンピュータを融合させる」考え方が、それにあたる。たとえば、歳をとって足が悪くなったとしても、自動運転の車椅子があれば、スムーズに移動ができるし、視力が弱くなったとしても、自動補正する高性能のメガネがあればいい、という視座だ。

最終的には、パワードスーツのようなイメージで、しかも、体と同程度のサイズ感で、足や手と同じような機械を身につけて、生活することも可能になるはずだ。最初は高価格だとしても、富裕層から普及して、やがては一般の人の手にも届くようになるだろう。

もちろん医療もさらなる発展を遂げるであろうが、そこに**情報科学を用いた「技術によって元に戻す」といったアプローチ**も加わるようになるのではないか。

そうなれば、工学的なアプローチで要介護者の数も減り、若い人と同じような仕事をすることも可能になる。つまり、高齢化問題の一番大きな部分が解決され、さらには人材の確保にもつながる。

ほかにも、たとえば、年金問題に関して、2025年には1・8人で高齢者1人を支えなければならないと財務省は試算している。先述したように、テクノロジーによって人の支えを必要としない暮らしができるようになれば、年齢に関係なく「困っている人」を「困っていない人」が支えられる社会になるだろう。これは、シェアリング・エコノミー的な考え方である。

少子高齢化に備えた移民受け入れを解決策に挙げる人も少なくないが、日本人が彼らにやりたくない仕事を任せる傾向があることを考えれば、その人的資源に対して、人道的に賛同しづらい。一時的にGDPが増えたとしても、その後の長期的な生産性は下がることが懸念される。

それならば、人の移民ではなく「機械化」の分野に国として注力していったほうがいいだろう。

人生100年時代、いかに生きるかがより問われる

落合君が言うように、労働力を確保するための選択肢に移民はないだろう。だって、すでに日本の魅力は低くなっているのだから。

高齢化社会に向けては、予防医療の分野が一層大事になる。特に、いかに健康寿命を延ばすかが課題になるはずだ。

最終的には技術の進化によって、事故死以外の、病気や老衰による死はなくなるのではないか。

そうなると、**今以上に〝いかに生きるのか〟が大事になる**と思う。

テクノロジーの未来

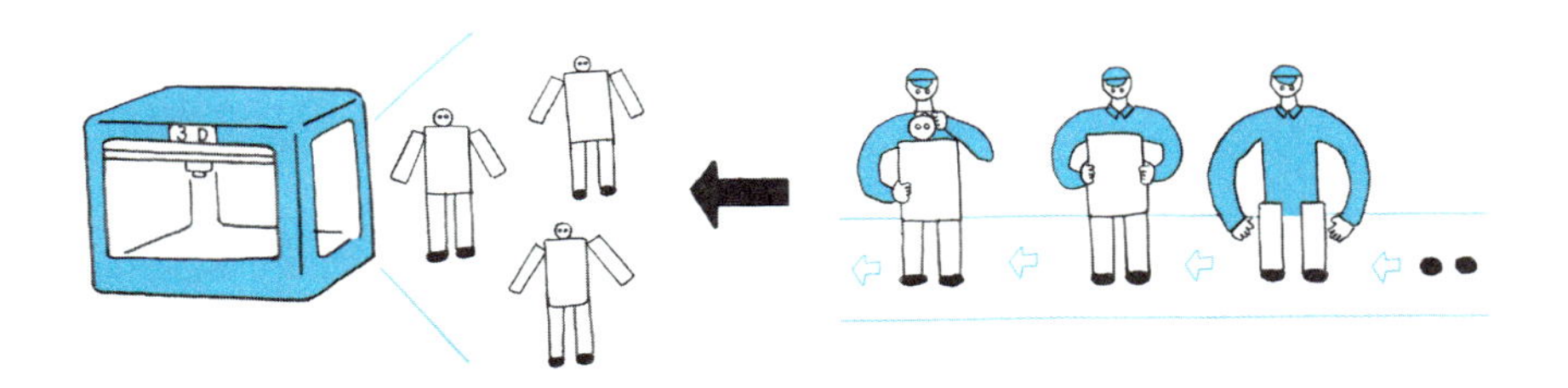

この章の最後に、今後避けては通れない、

テクノロジーの未来について簡単に触れてみたい。

AIやロボットも現在はまだ発展途上の段階であり、

さらなるイノベーションが必要だ。

技術的な話は苦手という人も、

新しい概念として、

ぜひインプットしておいてほしい。

OCHIAI'S POINT

インターネットの〝たった20年〟で世界を変えた仕組み

インターネットがたった20年で世界を変えることができた理由には、1つに、オープンイノベーションがある。

これは、シンプルに説明すれば、誰かが書いたプログラムを、会社や国の枠組みを超えて、誰でもが使えるようにするライセンスや権利の考え方だ。おかげで、皆が過去に書いたプログラムを再利用することができるようになり、それを使って技術者たちは指数関数的にインターネット上のアプリケーションを進化させることができた。

オープンイノベーションの世界では、1度ノウハウが体系化されれば、そのノウハウは失われにくい。常に過去のノウハウを下敷きに、よりよいプログラムに上書きされる。現在よりも、レベルの低い開発環境に向かうことは少ない。つまり、人がプログラムを書けば書くほど、デジタル空間は便利になっていくだろう。その世界観がその都度、更新されていくのだ。

ネットの世界と同様に、物質世界もこのオープンイノベーションを実現できるかどうかで、現在の職業がアップデートされるかが左右される。

たとえば、今までは人間が明文化されない経験則でやっていたことをディープラーニングか、その他の統計的手法を用いてロボットに自動で学習させていくことで、やがては人間と遜色ない業務ができるようになるだろうというビジョンの下、日夜、研究が進められている。むしろ、機械学習を積み重ねるごとに、人間よりもはるかに効率的な働きをすることもありうる。しかし、過信してはいけないのは、そのような未来は、今の**ハードウェアとソフトウェア**の延長線上にはなく、さらに、**テクニカルイノベーション**が必要だということだ。

2018年の現在、AIはまだ発展途上にある。我々人間は、今挙げた目的の1%も達成していない。AIが人間に寄り添った働きをするよう、「人の手」でチューニングしていく必要がある。

自動運転技術を例に説明しよう。自動運転技術は進化しているように思われがちだが、人間の〝呼吸〟に合ったタイミングで止まったり、動いたりすることができず、酔いやすいという欠陥があった。こうした欠陥に対し、2017年11月にUberは、自動運転車のセンサーでとらえたデータを利用し、乗員に適切な刺激を与えることで、自動運転車に乗っていても酔わない技術を開発した。人の手によって修正を加えることで、AIがより人間に寄り添うことができるようになったのである。

AIが全人類にとって違和感なく手になじむツールになるには、違和感に敏感になった上で、人間が修正し、背中を押してやる必要がある。

ここで、先ほど述べたオープンイノベーションの仕組みに話は戻る。AIの振る舞いを人間がチェックし、何かおかしい事象があれば、人間が改めてAIに返す。こうした「エラー↓軌道修正↓エラー……」の〝フィードバックループ〟[*10]をオープンソース化し、世界中の人々でAIを育てていくことで、AIを含むエコシステムは今よりも速く成長することができる。今も、アカデミックコミュニティではそうなっているが、今後の人々の情報リテラシーが発展するにつれ、他の業界でもこの更新速度がさらに上がっていくだろう。

ロボットがロボットを印刷する！

テクノロジーによってあらゆる問題を解決するために、僕はプリンテッド・ロボティクス（印刷プロセスでロボットの低コスト生産を可能にする量産方式）の領域に注目している。プリンテッド・ロボティクスとは、書類が印刷されて出てくるのと同じように3Dプリンタでロボットが〝印刷〟される技術のことだ。

「3Dプリンタで3Dプリンタが作れる」、これは今後の社会を考える上で重要な考え方だ。これからは人間の手でロボットが作られるのではなく、製造機械によってロボットが製造されるようになる。今は、Computer Graphicsと材料とロボティックスのそれぞれの分野で研究されている。

プリンテッド・ロボティクスの領域で著しい成果を上げている企業に、アメリカの「ボストンダイナミクス」がある。今、スマートフォンが手元にある人は、「ボストンダイナミクス」で動画を検索してみてほしい。人型ロボットがまるで人間と同じようになめらかな動きでバク宙をしたり、4足歩行でリアルな動きをするロボットなど、面白いものが見られると思う。

ロボットは普通、油圧による力を伝える配線やシリンダーは、骨格とは別々にできており、骨格とシリンダーを別々に造った後、組み合わせることで完成される。ショベルカーなどを想像するとわかりやすいだろう。しかし、この方法は、骨格も筐体（きょうたい）も配線も全部バラバラの部品であるため、コストもかかるし、その強度は個別の部品で差があり、さらに溶接による接合も強度を下げる一因であるだろう。

近年、ボストンダイナミクスは、その骨格と油圧の伝達系を3Dプリンタによって一気に造り上げることに成功した。このことによって、組み立ての工数とパーツの数が劇的に減少され、強度と運動的な制約が大幅に改善された。大雑把にいうと、3Dプリンタで設計したものがそのままロボットになって出てきたようなものだ。

こうした技術と自動設計技術が融合した先には、人がロボットを生み出すのではなく、ソフトによってロボットがロボットを生み出す世界が実現されていくだろう。

社会システムの変化に追いついていくには、〝ハードウェア発想〟では間に合わない。それはつまり、**一部にのみ強烈に訴求する**[※11]**〝ドラえもん〟や〝アトム〟**を生み出そうとするような発想と同義だからだ。そういった唯一無二を生み出そうとする**〝ハードウェア発想〟**[※12]ではなく、無個性で汎用性のあるデバイスを量産する**〝ソフトウェア発想〟**[※13]でロボットを次から次へ「印刷」していく必要がある。

しかし、今のロボット開発プロセスには、この思考が不足している。〝唯一無二〟に美学を見いだすアトムに燃えた少年時代の思い出を捨て切れば、日本のテクノロジーは加速度的に進歩し、最適化された未来になるはずなのだが……。

ムダな時間がなくなる社会

少し自分たちの生活に近いところの話もしておこう。

僕にはやりたいことがたくさんある。だから時間を無駄にしたくないし、1分1秒でも大切に使いたいと考えている。より時間効率を高めて、やりたいことに時間を捻出したい。お金で時間を買えるのであれば、そこには惜しまずにお金を使う。

町を歩いていて多いのは、「いつもツイッター見てます！」や「本面白かったです！」「写真撮ってください！」と直接声をかけてくる人たちだ。本人は好意的に接してくれているのかもしれないが、その対応で僕は1～2分の時間がとられる。今時、10秒あればニュースが1つチェックできるのに。好意的な声はありがたいが、ツイッターでそういった声をいただいた場合は、リツイートという形で3秒でお礼ができる。

移動時間などは、特に無駄になってしまう。僕は自分で車を運転して移動するくらいなら、タクシーに乗ってその間にスマートフォンで仕事をする。

しかし、移動時間を好きなことに使えるのなら、別に移動したって問題ない。先ほど落合君は自動運転技術の欠陥を指摘したが、人間の手による改良が進めば、自動車がインターネットにつながり、移動する仕事場のようになるかもしれない。

「仕事を奪う」といわれているAIは、「仕事の時間を生み出す」上で大きな役割を果たす。たとえばアマゾンやZOZOTOWNに代表されるリコメンド機能もそうだ。

過去の購入履歴からほしがっているであろうアイテムを自動で選出してくれるため、商品を購入するまでの〝無駄な〟時間が圧倒的に減る。今後はAIの発達によりさらに充実したレコメンド機能を実装するようになるだろう。

＊1 **個人や社会という言葉も、明治時代に欧米を見習って発明したもの** 富国強兵や欧米列強への仲間入りを目指し近代化を邁進した明治時代には、西洋語をもとに多くの日本語が生まれた。その過程では日本にそれ以前には存在しなかった概念を訳す必要があったため、中には本来の意味を間違えて訳したまま現在まで親しまれてきているものもある。

＊2 **「百姓」** かつての百姓という言葉は、農耕主体の社会において100の細かい別々の仕事をしているという意味を持っている。現代では、武士と町民農民の区別で考え、町民農民には百姓という多くの仕事を含むような定義になっている。

＊3 **憲法は英米法がベースだし、刑法や民法は大陸法といってフランスやドイツから持ってきた** 日本の刑法、刑法学はドイツ刑法の影響を受けているが、その一方で1890年に公布された旧民法はフランスの民法典を母体にして作られている。大日本帝国憲法はドイツ式であったが、GHQ指導のもと日本国憲法は米国式のものになっているともいえるだろう。

＊4 **「個人」** 国家や社会、また、ある集団に対して、それを構成する個々の人。

＊5 **「自然契約論」** 社会との契約のもとで人は皆平等であるとの考え方を踏まえた上で、ミシェルセールが提唱する、人と自然が行なった契約のこと。
「自然契約」 ミシェルセールの考えに基づくと、人と自然のした契約のこと。

＊6 **「機械化」** ただのオートメーション化というだけではなく、AIなどのソフトウェア的な分野が世の中に浸透してくるような変化のことも内包している。

＊7 **情報科学を用いた「技術によって元に戻す」といったアプローチ** コンタクトレンズや義手などというような、かつての身体の機能を取り戻すことに情報科学を利用するというアプローチ。

＊8 **ハードウェアとソフトウェア** 有形であるハードウェアと無形のシステムやメソッド。モノ（HW）が有形であることに対してソフトウェアとは、無形のもの、ハードウェア（有形）を動かすためのデザイン、マーケティングなども含んだ広義の手法論のことを指す。

＊9 **テクニカルイノベーション** 技術促進を一気に加速させるような革新的な技術革新、いわゆるブレイクスルー。

＊10 〝フィードバックループ〟 ある機構で、結果を原因側に戻すことで原因側を調節すること、それを繰り返すことで、結果が増幅されていくこと。

＊11 一部にのみ強烈に訴求する〝ドラえもん〟や〝アトム〟 ある一部の層だけにしか効果をもたらさない、個性的なロボット。

＊12 〝ハードウェア発想〟 個性的であり、生産コストが高く全体ではなく一部にしかリーチしないようなものを作ろうとする発想。

＊13 〝ソフトウェア発想〟 物質を伴わずに量産に適しているようなものを大量に作ろうとする発想。

Chapter

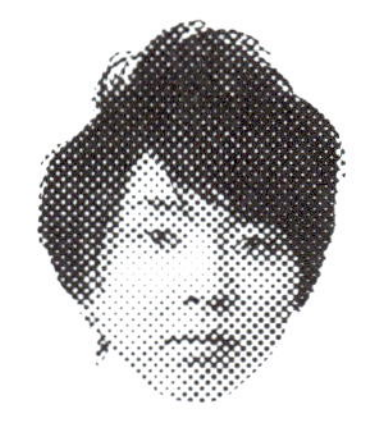

ピュアな情熱に導かれた〝自分の人生〟を生きよ

HORIE'S POINT

AI時代に求められる、人生における幸福の再定義

リスクヘッジの「副業」に意味はない

本書を通じて何度も繰り返してきたが時代は変わった。インターネットが普及し、スマートフォンが人々の手に渡り、私たちの生活は非常に便利になった。そして今、ＡＩが人々の仕事を奪いつつある。こうした社会の変化が想像以上のスピードであることに、そろそろ気づくべきだ。

人間が、5年先の未来を占うことはほとんど不可能に近い。今から10年前に、スマートフォンを手にし、歩きスマホをしながらツイッターを眺めている未来を想像できた人がいただろうか？　少なくとも、僕は予測できていなかった。今の時代、未来を予測して手を打つなんてことは、もう無意味だ。もはや、世界中の誰も未来を正確に言い当てることなど、できない。

この手の話をすると、食い扶持をつくろうと「副業」をはじめようとする人たちがいるが、僕から言わせてもらえば「副業はダサい」。この一言に尽きる。誤解がないよう、その理由をロジカルに説明させてもらおう。

そもそも「副業」と言うからには、その対立概念に「本業」というものが存在する。僕はこの「本業」と「副業」の構図に、強烈な「リスクヘッジ」の匂いを感じざるをえない。

おそらく、「二足のわらじ」を目指すほとんどの人は、「本業」を食いっぱぐれのない「ライスワーク」として位置づけ、「副業」を本当にやりたい「ライフワーク」ととらえているのだろう。ただ、僕からすれば、**なぜ本当にやりたい仕事で人生を満たそうとしないのか**、理解ができない。

きっと彼らの言い訳はこうだ。「家族を養わなきゃいけない」「やりたいことも大事だが、世間体も大事」「一歩踏み出すのが怖い」。悪いが、僕にはそんな中途半端な思いで打ち込む「副業」とやらのクオリティなんて、まったく信用できない。「そこには、ピュアな情熱や社会的な使命感なんて存在しないだろう」と思えてならない。そんな事業を誰が応援するだろうか。

〝本業〟と〝副業〟に縛られず、使命に生きる本田圭佑

多くの人は「保険に加入しておかなければ」という感覚で、本業にしがみつこうとする。この「小利口」な感じに、僕は一種の欺瞞というか、巧妙な逃げを感じるのだ。

本業に真っ向から立ち向かい、批判を浴びながら、自分のなすべきことへ邁進するひとりのスポーツ選手がいる。現在メキシコのパチューカに所属する本田圭佑選手だ。

彼は現役のプロサッカー選手でありながら、サッカースクール「SOLTILO FAMILIA SOCCER SCHOOL」を展開し、サッカークラブ・SVホルンのオーナーを務める経営者でもある。これまでもスポーツ選手が居酒屋をはじめたり、変な投資ファンドにお金を預けるといった事例はあったと思う。

しかし、本田選手は、ズバリ本業として投資を行なっている。

選手と経営者を二足のわらじで行なうと、結果を出さないといけないというプレッシャーが人一倍かかる。サッカー選手としての成績が落ちたら、「経営をやっているせいだろ」と口々に言われるだろう。現役中にビジネスに打ち込むことから生まれる批判の声が絶えないのは想像に難くない。アスリートは体が資本であり、疲労の蓄積や練習量の減少がパフォーマンスに影響する可能性があるからだ。

僕は、あえてそんな道を選択した彼に、賞賛を送りたい。自分が好きなことにリスクを顧みず挑戦しているからだ。彼には、**「ピュアな情熱と社会的な使命感」**が感じられる。それも、私たちが想像しえないスケールのことをやってのけようとする。本田圭佑は、とんでもない人物だ。

OCHIAI'S POINT

波を待つな、自ら波を起こせ

よく学生から「やりたいことがありません」などと言われるが、正直なところ、その姿勢ではこれからの未来はおぼつかない。統計的処理に基づくロボティクスが圧倒的低コストで、なおかつ人間以上に効率的な仕事をこなす時代がもうすぐやってくる。いや、もうすでにそうした時代ははじまっているといっていいだろう。もはや私たちに未来を悲観する暇など1秒たりともない。

私たちに残された未来の生存戦略は、**統計の外側へ向かうリスクテイク**[*1]だ。機械ができないことを担い、機械と協調し、コストとして排除されないようにうまく働くか、機械を使いこなした上で他の人間から職を奪うしかない。

機械が代わりに労働するようになると、自由に使える時間が多く生まれる。その時間をどのように活用できるかが、これからの時代を生き抜く鍵になる。これは今までの言葉でいえば、**「時代の速度が上がる」**[*2]からだ。

誰にでもできる仕事はおろか、余人をもって代えがたいと思える仕事すらＡＩに奪われるのであれば、自分のオリジナリティや個性を磨いていくことが未来の仕事をつくる上で重要なことになるだろう。

未来を判断するために

僕の大好きな言葉に、思想家であるリチャード・バックミンスター・フラーの「自分の時間をより有効な探査的な投資に解放すれば、それは自分の富を増やすことになる」というものがある。この言葉は、万人に開かれた**「未来」[*3]に対してのアービトラージ**（裁定取引）を判断するために、今何をしていくべきかを常に考え続けることの大切さを説いている。

研究者でもライターでも、クリエイターでもいいが、まずはつくってみないと、アウトプットの価値はわからない。要するに、未来の価格はその時点では誰にとっても同じだが、その価値判断によって投資の成否が決まる。波は座していてもやってこない。すごく単純な話だが、自分で波を起こしながらものづくりができる人にこそ価値があるのだ。

波を起こすにはメディアと人を使っていかなくてはならない。当然、従来の〝当たり前〟に乗つかっていたら波など起こせない。一度に、同時に、たくさんのことを並行して遂行していかなければ、この世の中は変わらない。僕がたびたびツイッターで言及する、「人間性を捧げろ」にはそんなメッセージを込めている。古典的な人格がなしえたことを超越していかなければならない。

ただ、堀江さんが本田圭佑選手を紹介していたように、本業と別のことをしていると、叩かれることも少なくない。実際、メディアに出演していると、「本業を疎かにしていないで研究しろ」といった批判を受けることがある。ただ、研究だけをしていても社会は変えられないし、そもそも僕がＡＩに代替されてしまう。そこにはアーティスティックなマインドもいる。

〝1つのことに徹する美学〟はもうやめよう。〝いろんなことに手をつけてはいけない〟といった幻想も捨てよう。今はインターネットもあるし、ＡＩもある。機械ができることは機械に任せ、人間だからこそ発揮できる価値を**わらしべ長者的**[※4]に積み重ねていこう。そのポートフォリオがアートをつくる。

「1つに絞らない」というリスクテイクをした後は、必然的にやるべきことが多くなるので、機械に任せられることはどんどん自分から切り離していくことが肝要だ。そうやってリーダーシップと**ディスパッチ**[※5]能力、また時に自分がフォロワーシップを生かして、切り拓く他者を支えていく必要がある。世代や時代によって持ち回るという価値観が必要なのだ。

OCHIAI'S POINT

「ワーク〝アズ〟ライフ時代」を生き抜く戦略

21世紀はワーク〝アズ〟ライフの時代

インターネット化と通信インフラの整備によって、社会がグローバルにつながるようになった。このことは、「ワークライフバランス」という言葉が崩壊したことを意味している。

たとえば、今の時代はパソコン1台あれば、時間を問わずどこでも仕事ができる。朝9時から夕方5時まで働くといった、画一的な働き方をしなくても生きていける時代だ。

仕事か趣味か区別できないことを1日中ずっとやってお金を稼いでいる人も増えている。趣味と仕事の中間のような行動をして、それで対価をもらっている人を目にする機会も少なくない。

もはや、ワークとライフの関係性は完全に「バランス」ではなくなった。これからは、差別化した人生価値を仕事と仕事以外の両方で生み出し続ける「ワーク〝アズ〟ライフ」を体現する者だけが生き残れる時代になるだろう。リスク〝アズ〟ベネフィットである。

そうした時代に、人間の生活スタイルは2つのパターンに分かれると僕は考えている。1つは、Chapter1で触れた、ブルー・オーシャンな考え方を持つパターン。コンピュータでは到達不可能な価値を創出し続け、時代を先に進める人を指す。もう1つは、プラットフォームに吸収されて、責任と生存戦略をコンピュータに任せることだ。順を追って説明しよう。

未来を生き抜く2つのパターン

ブルー・オーシャンな考え方の基本は、「他人と違うことをやっていく」に尽きる。人対人ではなく、人対コンピュータで物事を考えた場合、同じ土俵、同じ統計的プロセスで競うと人間は機械に絶対に勝てない。競争とは勝敗をつけることであり、勝敗を定義するには要素が必要になる。要素が決まると、機械はデータから計算可能なので機械のほうが強くなる。

たとえば将棋は「王の逃げ場がなくなると負け」という要素がある。要素がわかればあとはAIの独壇場だ。王を取り囲むためのデータを何万通りも理解し、即座に判断を下せるAIにどうして人間が勝てるだろうか？　将棋AI「ポナンザ」が71手という短時間で佐藤天彦名人を下したことを考えれば、どれだけ機械が圧倒的なスピードで情報を処理しているかがわかるだろう。

だが、「何をやるかが決まっていない状況」では、人間は機械に十分に勝つことができる。なぜなら、コンピュータには「これがやりたい」という動機がない。目的を持って、コンピュータが入り込む余地のない、そして誰も興味のないニッチな領域を追求し続けることで一点突破することができる。**統計的判断[*6]に足りないリスクやデンジャーのパターンはまだ膨大だからだ。**

責任と生存戦略をコンピュータに委譲する生き方は、カーシェアリングサービス「Uber」を想像してもらうとわかりやすい。Uberの運転手は、「どうやってお客さんを拾うか」という戦略と「そのサービスは最終的に誰の責任になるのか、それをどうやって運用していくのか」という責任をコンピュータ（Uberのサービス）に任せている。

あとはコンピュータの指示通りにお客さんを案内するだけでお金をもらうことができる。

この2つのパターンにはどちらが良い悪い、高い低い、優劣ということはない。各々の能力を分担しているだけだ。たとえば僕は予定管理はすべてコンピュータに任せ、アシスタントの言うことを聞いて行動している。だが、自分の研究をするときの、責任と戦略は自分が負っている。

つまり、そういった**戦略的[*7]に「まだら」**になるのだ。たとえば、普段の生活はすべてコンピュータに任せ、仕事ではブルー・オーシャンな考え方をする人もいるだろう。また、子育てはオリジナリティを重視しつつ、仕事はコンピュータの言う通りにする人がいてもいい。

生活スタイルのすべてがブルー・オーシャン、もしくはすべて責任・戦略を機械に任せた生活のみになるというわけではないのである。二元論でなくまだらな世界と理解し、実践していこう。

HORIE'S POINT

「遊ぶ」「働く」「学ぶ」の三位一体の生き方

落合君の言う「ブルー・オーシャン」を僕の言葉で言い換えるなら、Chapter3で述べた「遊びのプロ」になるだろう。

僕は、「遊ぶ」「働く」「学ぶ」を同化させた、三位一体型の人生を送っている。「遊ぶ」「働く」「学ぶ」を一緒にするというのは、それぞれの間に区切りを設けないということだ。**人生におけるすべてのアクションが、遊びとも、仕事とも、勉強とも解釈できる。**

「遊び」と聞いて少し難しく考えてしまう人は、興味があること、熱中できることだと置き換えてもらっていい。

とにかく、自分の楽しいと思うことを追いかけ、その中で他人との差別化を行なえば、その興味は、いずれ仕事になる。信じられないかもしれないが、興味を持つことが、熱中することが、遊び狂うことが、仕事になるのだ。そのような状態を、僕は「遊び倒す人生」だと考えている。

メジャーでなくニッチなことであれば、ライバルは少ないし差別化も楽だろう。「ニッチなら、市場が小さいのでは？」という心配も皆無だ。インターネットの出現により、世の中は極端に狭くなっている。たとえニッチ市場であっても、世界規模で見れば大きな市場規模となるのだから、むしろチャンスしかない。

ニッチな市場でも、そこに小さな1を足し続けていくことが、今後到来するであろう「仕事のない世界」をサバイブする秘訣だ。小さくても何かを成し遂げることが自信となり、さらに新しくて面白いことにチャレンジできるようになる。

予防線を張るな。心のコンパスを信じろ

たとえどんなことであっても、その人しか持っていない知識やスキルがあれば、誰かに必要とされるはずだ。本田選手のように「サッカーが得意」でもいいし、「誰よりもドローンを上手に操縦できる」でもいい。

人は、自分が持っていない磨かれたスキルを持っている人に惹かれるものだ。誰よりも足の速いウサイン・ボルトに世界が熱狂しているのを見れば、その理由もわかるだろう。

ただ、そのモノサシとして「資格」というものに走ってしまう人もいまだに多い。資格を持つと、それが「スキル」だと思い込む。

たしかに、ちょっとは話のネタになるかもしれない。しかし、多くの人が取得している資格なんてものは、スキルとしての差別化はまったくない。結局、相手に興味を持ってもらうことは難しいだろう。

だからこそ、肩書きや資格にこだわる必要なんてない。とにかく自分の好きなことにチャレンジしてほしい。たくさんのことが満遍（まんべん）なくできる「ジェネラリスト」なんかより、1つのことに強みを持っている人のほうが、圧倒的に魅力的だ。

たとえば、僕はゲームばっかりやっている子には将来性があると思う。だって、一生の中で、サルみたいに熱中できる経験なんて、そうそうない。僕だって、中高時代はまごうことなき「プログラミングの専門バカ」だった。あの頃は、持てる時間のすべてをプログラミングに投入していた。成績の低下に怒り狂った親にパソコンを捨てられたこともあったが、すぐさまゴミ箱から取り戻した。

あの当時、僕ほどパソコンにのめりこんでいた子どもはいなかったのではないかと思う。その体験は僕を無教養にしたか？　まったくそんなことはない。東大入学も、起業も、宇宙ロケット開発や予防治療など専門性の高い領域でのビジネスも、元をたどればすべてはあの「プログラミングの専門バカ」の時代が礎となっている。

「専門バカ」の代打が務まる人材はなかなかいない。何かに熱中できる人は、稀少性の高い、優れた人材なのである。

OCHIAI'S POINT

「写経好き」になってはいけない

お役所の仕事からはじまり、事務的な仕事はほぼ写経だ。役所に行けば、コピペで済むような自分の住所や名前を何度も書かされる。このような仕事は、フェイスブックなどのSNSに紐付けたり、二次元バーコードがあれば一瞬で済むはずだ。

僕は今でも、大学で領収書1枚1枚に予算担当者としてサインをしているが、こうした無駄な仕事に1週間のうち1時間から2時間はとられているので、1年だと3〜6日間、サインだけ書いている時間がある計算になる。このような作業は写経以外のなにものでもない。

それでも、根性と写経が好きな人は、確実にいる。子どもの頃、漢字練習を永遠にやっても苦にならなかった子はその類だろう。はっきりいえば、スマートフォンのソーシャルゲームやパチンコと同じものだ。どちらもやめられないし、行為にさほど意味はない。

僕も脳を永遠に休ませたいときは「ドラクエ」でひたすらスライムを倒したりするが、基本的には休憩しているのと同じである。ちなみにテトリスやぷよぷよも好きだ。

保育の専門学校では、実習で手書きの1500字のレポートを書かされるところもあるらしい。そういった根性と写経が、さらなる非効率を生んでいくのだ。

HORIE'S POINT

人に喜ばれて、自分が無心で取り組めるものを探せ

どうせ無心になって物事に取り組むのであれば、落合君の言っている「写経」ではなく、評価されるものに時間をあてたほうがいい。

たとえばトライアスロン。完走することで精神的な満足感が得られるだけではなく、周りから褒められて気持ちがいいし、体重も落ちる。また、最近僕が凝っている肉磨きもそうだ。みんな喜んでくれるし、できたものをカツサンドにすると、とびきり美味しい。

落合君もゲームをやっているから、ゲームについて聞かれれば、それについて答えることができる。どうせなら、シェアできたり、仕事になる無心さがあるといい。

今は経験をシェアしたり、人に披露したり、仕事にしたりする仕組みも整ってきている。どうせ無心になってやるなら、そちらを目指すべきだと思う。

HORIE'S POINT

コモディティになるな、個性を叫べ

仕事と遊びの境界が溶けはじめた

20年以上前のことだが、パン工場で一晩だけ、商品の仕分けのアルバイトをしたことがある。はっきりいって、何の面白さも見いだせない仕事だった。しかも、対価はたったの1万円。もう二度と、その仕事をすることはなかった。

振り返ってみれば、19〜20世紀はとにかく産業を効率化しなければいけない時代だったと思う。特に工場作業は、どんどん機械化が進められていた。僕がパン工場で働けたのは、機械で自動化するよりも、人間をアサインしたほうがコスパがよかったからだろう。

ところが21世紀になって、ＩＴ技術が発達し、**人間はもう面白くない仕事をしなくてもよくなってきた。**効率的に機械化できる領域が増し、人はある程度、自分が興味を持てる部分を選べるようになっている。

現在は、お金を得る手段が労働に対する対価だけではなくなってきた。Chapter4でも述べたが、ｐｏｌｃａでお金を集めたり、クラウドファンディングで支援を募ることも珍しくない。そうすると、相対的に〝お金〟の価値が下がっていく。面白いアイデアを持っている人の元に、どんどんお金が集まるようになった。もう、仕事と遊びの境界線なんて、あってないようなものだ。

ＨＩＵにも、「ニート女子ですが、トライアスロンに初挑戦するので応援してください」と言うだけで、15万円も集めた子がいる。現在進行中の宇宙開発プロジェクトで、「ロケットの打ち上げボタンを押すことができる権利」をクラウドファンディングで１０００万円で提示したところ、ノリでポチった人もいる。僕にいわせれば、こういった自分がやりたいこと、楽しいと思うことでお金を得ることだって、立派な仕事の１つだ。

食べていくための安い仕事にしがみつくな

昨年世界的ベストセラーになった歴史書『サピエンス全史』（ユヴァル・ノア・ハラリ著　柴田裕之訳　河出書房新社）に、「人間はかつて穀物の家畜だった」といった記述がある。これは、言い得て妙である。Chapter2で落合君が「人間は狩猟民族だった」と話していたが、当時、人々はきっと楽しんで狩りに取り組んでいたはずだ。

しかし、農耕生活をはじめたことで、生きるために嫌でも畑を耕さなければならなくなった。そのために人は個人から家族という集団で暮らすようになり、一家の住む土地に根を張って生きていくことを強いられ、結果として住む地域や仕事を選ぶ自由を失っていった。

しかし産業革命以降、機械による自動化によって、人は必ずしも生きるために働く必要がなくなったはずだ。

それにもかかわらず、安い仕事に文句を言いながら渋々働いている人が大勢いることが不思議でならない。

実は、「食べていくために」安い仕事で我慢している人の存在がなくならない以上、労働単価が上がることはない。

たとえば、賃金が安いからとやめてしまえば、雇う側は賃金を上げて募集をせざるをえなくなる。やめている間は、C to Cのビジネスなどをすれば当面は困らないのだが、多くの人はなぜか歯を食いしばって苦しそうに働いている。「こうあるべき」という妄想に意味もなく囚われるのは、もうやめにしよう。

詳しくはChapter 1で述べたが、高給で働く能力のある人だけが高給取りとして働き、その能力がない人は国からお金をもらって好きなことをして生きていくことが、これからの日本社会がよりよくなっていく道だ。

自分に価値資本を貯めろ

Chapter0では、マイケル・A・オズボーン准教授が発表した論文『雇用の未来—コンピュータ化によって仕事は失われるのか』を参照し、「今後なくなる仕事」に触れたが、実際のところ、そういった一般論は気にしなくていい。仕事は1つだけではないし、これからはどんな働き方をしてもいい。さらにいえば、堀江さんが言うように働かなくたっていいかもしれない。好きなことをやって、その体験を価値に変えていこう。この考え方はアーティスト的[*8]だ。

実際、僕もたくさんの仕事をしているが、そのどれもが趣味みたいなものだ。そうやって気になること、好きなことに手を出している間に自分の中に価値資本が貯まっていく。技量不足はテクノロジーが補ってくれるから、すべてにプロレベルのスキルを持つ必要もない。

9年間があっという間に陳腐化する時代

他人と違うことを恐れる必要は、もはやまったくないといえるだろう。むしろ他人と同じであることは競争以外の何物でもないのだ。同じ土俵でしのぎを削りあう「レッド・オーシャン」戦略は、これからの時代にそぐわない。もちろん、レッド・オーシャンの攻略は**レバレッジ**[*3]が効き、もし寡占することができれば大きな利益を得られることは間違いないが、そのリスクテイクに関する議論は千差万別だ。

恐怖に縛られるのはやめよう。「幸せな結婚式」なんていうものもほとんど宗教に近い。「皆がそうしているから、よさそうに見える」といったただの刷り込みにすぎない。結婚情報誌「ゼクシィ」を手にとって隣の芝生を青く思っている時間ほど、無意味なものはない。

以前、平均年齢15歳の子どもたち20人弱に、簡単に作成したＩｏＴデバイスを用いた電子工作や機械学習、ソフトウェア制作を教えるワークショップを開いたことがある。5年前であれば24歳の学生が修士論文でやるような内容なのだが、たった合計24時間で、誰一人脱落することなくハードウェアやソフトウェアを作れるようになった。つまり当時24歳の人にとっては9年分の時間があっという間にコモディティ化してしまったというわけだ。

今、私たちはインターネットによって「他人がやったことはすぐに学習でき、コピーができる」環境を手にした。どれだけ勉強して特殊性のあるスキルを身につけたところで、誰かにすぐに模倣される。新しい技術を常に取り込み続けない限り、特殊性を武器にすることはできない。ましてや、資格なんてほとんど無意味な肩書きに陳腐化する。スキルのコモディティ化はコンピュータによって加速するし、その速度が昔のコモディティ化の速度とまったく異なってきていることに気づいたほうがいい。

思考停止した社会に、問いを立てろ

未来が不安な若者には、「仕事になる趣味を3つ持て」と伝えたい。堀江さんは「遊びのプロになれ」と言っていたが、「遊び」は簡単に聞こえるが、実は難しい。「趣味を仕事でやれ」と言われると、少し難しく聞こえてしまうかもしれない。[10]**アートによる複雑性**と僕はよく言うが、伝わりにくい。

それなら、考え方を少しシフトして、「仕事になる趣味」を探してみたらどうだろうか？　堀江さんが繰り返し言っているように、好きなことに没頭すれば仕事になる。しかも仕事になっている頃には、その界隈で君の名も知れ渡っていることだろう。もしそんな趣味が3つもあれば、すでに君は代替不可能な存在になっているといえるのではないか？　おそらく世間が君を放っておかないだろう。必ず君に憧れるフォロワーがつき、他の誰かには替えられない差別化された人材になっているはずだ。

多様化していた社会が時間とともに標準化されてきたのが、今の日本のあらましだ。標準化された世界では、決められたルールに沿って生きていればよかった。そのため無意識のうちに世間が作った〝人間社会的な〟当たり前に擦り寄り、思考停止に陥ってしまっている。

やっかいなのは、今の日本では「普通」が幅をきかせていること。「それが普通でしょ」と、訳知り顔に言うが、それがどれだけ確かなのだろうか。どう考えてもそれは話者にとっての普通である。

「常識」や「当たり前」で埋め尽くされた社会の中で自分を差別化するには、産業革命からインターネット以前までの当たり前を疑い、「なぜ」と問いかけ続けなければならない。それこそ冒頭の「普通って何?」という問いを常に持っていなければならない。つまりなんらかの凝り固まった価値基準に支配されることなく時代とともに走る感覚を身につけるべきだ。その中で美学を熟成させるといい。現在の僕にとってそれは、**自然、侘び然び、デジタルネイチャー、映像と物質**だ。

HORIE'S POINT

自分の頭で思考する癖のつけ方

誰だって最初は不安だ。ただ、黙っていても、その不安が消えることはない。まずは、自分でできるだけ多くの情報に接することが大事だ。今の世の中には、そのためのツールが十分に揃っている。

先生に教わらなくたっていい。自分から動き、情報を取りにいけ。ＳＮＳを利用すれば、自分が「面白いな」「この人の話聞いてみたいな」と思う人たちの情報に一瞬でアクセスできる。スマートフォンのニュースアプリを使ってもいいだろう。自分の手で、世界中の頭のいい人たちが発する「最先端の情報」に、いつでも触れられる。

だが、それだけでは不十分だ。これからは、情報を仕入れたら、自分の頭で思考する癖をつけていかなければいけない。

ツイッターやフェイスブック、ユーチューブ、ブログ……なんでもいい。そこで毎日発信し続ければいい。非常に簡単なことだ。たったそれだけのことで情報を有機的につなげることができ、自分の思考をたくましく鍛えていける。

時に、批判や中傷の言葉が飛んでくるかもしれない。しかし、そんな瑣末(さまつ)なことに気をとられるな。

僕もよく炎上しているが、それで学ぶことも多いし、次の本のテーマが見つかることもある。批判してくるような人の多くは、次の日には批判したことすら忘れてしまっている。そんなものに振り回されてしまうなんて、本当にバカらしい。

とにかく今の自分を信じればいい

もっといえば、やる前から「成功するかどうか」「失敗する確率はどれだけか」なんて考えていたら、結局、いつまでたっても実行に移せない。「成功するかどうか」なんて、やってみないとわからないじゃないか。

そもそも僕が考えるに、やりたいことをやって成功する人は、「リスク」なんて、あまり考えていない。それができない小利口な奴は失敗することばかり考えていて、結局リスクをとれないのだ。実現可能性をまず考えて尻込みするような人間は、リスクをとらないこと自体が最大のリスクだということに気づいていない。チャンスがあるなら、何も考えずに「一番最初に手を挙げるバカ」になれ。

かくいう僕は、自分の「いいじゃん」という感覚を信じて行動するようにしている。そして、その感覚に添った自分の価値判断に常に責任を持ち続けてきた。その結果がどうであれ、決して誰かのせいにしたりはしない。**僕の判断を磨いてきたものがあるとすれば、その繰り返しではないかと思う。**

よく若い人たちから「年金はもらえるんでしょうか」「今後の日本はどうなっていくのでしょうか」と質問を受けるが、すべての答えは「知らない」だ。

みんな問いが間違っている。**あなたが問うべき対象は未来ではなく他でもない、「自分」だ。**自分が求めているものは何か、やりたいことは何か。今この瞬間、どんな生き方ができたら幸せなのかを真剣に考え抜けばいい。自分の「これが好きだ」「これがしたい」という感覚を信じ、それに従って下した判断を、誰のせいにもせず生きる。

そして、価値のゆらぎを恐れない。むしろ変化するのは正常だ。毎日、瞬間ごとに自分の判断を更新していくべきなのだ。その覚悟があれば、未来予測などしなくていい。あなたは、とにかく「今」の自分を信じればいいのである。

今すぐ、「ポジションを取れ」

何をしたらいいかわからない？ まずは夕飯から決めよう

実経験をベースに話せる人は強い。自分の生き方、自分がやってきたこと、今やっていることのすべてがつながっている人は、自分でもその生き方を楽しめる。そこでフォロワーを引きつける美学をつくれるかどうか。

一方で、いつも自分がやっていることについて考えていない人や、自分のやりたいことを明確に言えない人は、これから大変なはずだ。その人の考え方の基盤は「普通」や「常識」にあるからだ。

先述したように、僕は学生から「自分が何をしたいのかわからない」という質問をされることがある。そんなときは、「夕飯から決めよう」と言うことにしている。「何か食べたいものある？」と聞いたときに、「うーん、そうだな」といって20分くらい黙っている人は、もしかしたら今の時代を生きていくことには向いていないのかもしれない。そこから脱却するには練習が必要だ。

本当は、「今、何したい？」と言われたら、小さなことも含めて10個くらい挙げられるといい。そして、すぐに実行に移せるといい。

たとえば、「今日焼き肉が食べたい」と思いついたら、「どこで食べようか」「誰を誘おうか」「お金はないけど、誰かお金を払ってくれる人はいないか」「逆に、おごってあげる誰かはいないか」と考える。その瞬間に携帯で誰かに連絡をとり、「じゃあ行こう」と決めるところまでいかないといけない。堀江さんは、いつもこのような感じで動いていると思う。

なぜこうした意思決定の能力が失われたか。その背景には、教育システムと工業社会的な価値観があると思う。工業社会の中では、特に疑問を持つことなく同じ規格のものを使い続けたり、同じものを食べ続けたりするほうが効率がいい。すき家もうまいし、アップル製品は高品質。しかしその分、意思決定の能力がどんどん奪われていく。

最近、新幹線に乗ったときのことだ。ふと思いついて駅弁を10個買って、並べてみた。当然すべては食べられないが、持って帰り家で食べようと思ったのだ。並べてみると、感動すら覚えた。

なぜなら、パッケージは違うのに中身はほとんど一緒だったからだ。生卵がついていて牛肉が入っていれば「すき焼き弁当」、卵焼きが入っていて牛肉と野菜の煮たものが入っていたりすると「幕ノ内弁当」という具合だ。

つまり工業社会ではまったく同じものでも、違う装いをまとうことで、違う食べ物になるのだ。お菓子のグミも一緒で、ほぼすべてのメーカーが同じ香料と材料で作っており型だけが違う。結局、工業社会で作られているものは、パズルが違う組み合わせになっているものを食べることで「自分は違うものを食べている」と錯覚しているだけなのだ。むしろ、「選んだ」という錯覚をして生きている。

そんな世の中で過ごしていれば、決定的に意思決定能力が失われるのも無理はないだろう。そこに意味はないことを本能は知っている。だからこそ個人の意思に依存しない給食を毎日食べる学校に行っている場合ではないのだ。

工業化が崩壊すれば、あらゆる規格化サービスが成立しなくなるため、ダメージを受ける人も多いだろう。それでも、「意思決定ができない人」が増えていくよりはましなので、それは正しいダメージだと思う。しかし実際はプラットフォームとカスタマイゼーションの中間をとるだろう。

進化したかき氷にみる、イノベーションの作り方

僕が刑務所にいた頃も、出される食べ物は工業化の産物そのものだった。月曜日なら、お昼ご飯はカレーかビーフシチューなどルーを混ぜて煮込むもの。火曜日はこう、水曜日はこうと、パターンが決まっていた。毎回それが予測できるため、そうした日常に慣れてくると、たしかに意思決定能力は失われてくる。

典型的なのが海の家のかき氷だ。ブルーハワイだのメロンなどと言っているが、実際には、色が違うだけで全部味は同じということも多い。

逆にそこに目をつけて、「違うもの」を進化させたからこそ、最近のかき氷はイノベーションがものすごく進んだ。

水やシロップに味の大差はない。唯一違っていたのが氷の温度。温度管理をしっかりやることで、シャリシャリのかき氷が、ふわふわのかき氷になる。

そして、唯一イノベーションが進んでいなかった蜜にも革新が起きた。本物の蜜を使用し、きなこや果物のシロップなどを加えることで、一層美味しいかき氷が食べられるようになった。

イノベーションはこんな具合に起こるのだ。

コンビニの「ジェネリック菓子」が示す、溶けゆく未来

かき氷1つを例にとってみても、イノベーターは次々と革新を生み出していく。イノベーションを起こせる人と、起こせない人との格差はどんどん広がっていくだろう。

それでも最終的には、イノベーションを起こせる人もいなくなっていく。

最近、コンビニ仕様の「萩の月」風のお菓子や「もみじ饅頭」風お菓子を見かけないだろうか。薬の分野では、新薬と同じ成分でありながら、安価な「ジェネリック医薬品」があるが、いわばその「菓子」版だ。

今ではコンビニでありとあらゆるジェネリック菓子が売られている。「ココナッツサブレって言われて売られていたよね」とか「昔、駄菓子屋さんに置いてあったよね」といったお菓子の数々がコピーされ、そのコンビニ専用の袋に入れられて販売されているのだ。

こうした現象は、ネットの世界では馴染み深いものだ。ソースコードの権利を自由に配布できるようにしておくことで、ある言語で書かれたコードが他の言語に移植され、誰でも自由に使えるようになる。それが現実の世界でも起きはじめているのだ。ヒットしたお菓子はコピーされ、セブン‐イレブン語、ローソン語、ファミマ語に変換され、安価になって発売されている。

これが、今進行しつつある時代の流れに他ならない。

オープンイノベーションが前提となった世界では、あらゆるものがジェネリックとなり、金儲けができるスペースがほとんどなくなっていく。最後は大手が規模の経済によって、価格を押し下げ、しまいにはタダ同然になる。

昔のマルキュー（109）ブランドなんかも同じだ。元モデルや元ショップ店員が、パリコレで見た服を少しだけアレンジして彼らよりも早く出すことで、大ヒットを起こした。しかし、それを見たZARAなどのファストファッション・ブランドが資金力にモノを言わせてさらにサイクルを早くしたことで、マルキューブランドは壊滅的打撃を受けたのだ。

OCHIAI'S POINT

アーティスティックな発想が、暮らしを楽しくする

オリジナリティが高いとされるものは、汎用機械を並べたものではないはずだ。ありていのコンテンツと、ありていのメディアの組み合わせには決してときめかない。「知っているもの」と

「知っているもの」を掛け合わせたところで、それは「知っているもの」の域を出ない。

真にアーティスティックな人は、直接金銭に交換できるような利益を生み出すものをつくるとは限らないし、現存しているものの構成ではつくらない。

工業化した世界の論理にはまらないためにも、アーティスティックな発想がもっと必要だ。そうした視点を持ち続けようとすることが、毎日を楽しく生きていくための秘訣だと思う。

OCHIAI'S POINT

シンギュラリティは起こっている。今すぐポジションを取れ

社会の速度が増すほど、機械のほうがポジションを取るのが早くなる。だからこそ、今ポジションを確保しておかないと、一生ポジションが確保できなくなってしまう。問題は、生き残るか生き残れないかではない。ポジションを取るのか、溶けていくかだ。

ポジションを取るためのコストは急速に上がりつつある。２０１７年を境に、ビットコインが急激に価格を上げた。あれと同じことが、あらゆる場所で起こりつつある。誤解を恐れずいえば、こういった価値や機能の突発的上昇が**「シンギュラリティ」**[*12]と呼ばれる現象に他ならないのではないか。つまり手を出す前に出せなくなる、ということだ。

スピード感を持ち、ここ2～3年で動きはじめなくてはもう手遅れかもしれない。

気になったことはどんどんやってみる。やりたいことがなければ、まずは今晩の夕飯を決める。笑いごとではなく、まず最低限そこからはじめてみることだ。

溶けるのは楽だ。それでも君は行動に移すか

「ポジションを取れ」と力説する落合君はもっともだ。それでも結局、一生懸命に今を生きるしかないのだとも思う。

毎日やることを決めず、惰性で生きていることのほうが多いのが実情ではないだろうか。たとえば、僕はよく「今日は今までと違った道で帰ってみよう」とか「今日は電車ではなく歩いて帰ってみよう」と講演で言う。そんな些細なことさえ実践できている人がどれだけいるだろうか。そうでもしなければ、自分を他人と差別化することなんてできない。狭いポジションに大多数がひしめき合うだけだ。

今の社会をみていると、人々が映画「マトリックス」のエージェント・スミスになりつつあると感じる。みんながりんごつきのノートパソコンと携帯電話を持っている状況に、オリジナリティは見いだせないだろう。

「マトリックス レボリューションズ」のエージェント・スミス（写真：Album/アフロ）

だとすれば、高度に発展した知的生命体は、最終的に一体化して消えていくようにも思う。イノベーションのジャンプを起こすためには変わり種が必要だが、それもまたすべて吸収される。吸収されるスピードと消費されるスピードは指数関数的に速くなり、それをＡＩがアクセラレートする。その先に幸福な全体主義がやってきて、宇宙の時間が終わってしまう、ということだと思う。

だからこそ、まずは昨日の自分と今日の自分を差別化することからはじめてみよう。

大事なのは、「すぐに行動に移せるかどうか」だ。

一方で、エージェント・スミスになる生き方が必ずしも間違っているわけではないことも覚えておいていい。なんにせよ、社会に溶けるのは楽だ。生活コストは年々安くなっているし、レジャーだって安価に提供されている。それはそれで、悪いことだとは思わない。

溶けるか、溶けないか。
それを自分で決めて、行動に移せばいい。

OCHIAI'S POINT

モチベーションが人間の価値を左右する

テクノロジーが発達していけば、身体に関することはかなりの確率でコンピュータに補完されるようになる。たとえば足がない人には最先端の機能が搭載された義足が装着される。盲目の人は音で空間を把握できるようになり、耳が聞こえない人の目には字幕が映し出されるようになる。脳の機能補完のためのシステムを作ることができれば、認知症も解決できるかもしれない。そういった多様性のために我々はテクノロジーを用いている。

そうすると能力差＝経験差といった構図が生まれるのではないだろうか。「何を経験したか」で差分が生まれるのだから、「何をやりたいか」というモチベーションの有無が人間の価値を左右する変数になる。

モチベーションを価値に落とし込むのに重要なのは、「言語化する能力」「論理力」「思考体力」「世界70億人を相手にすること」「経済感覚」「世界は人間が回しているという意識」、そして「専門性」だ。専門性は、どんな小さなことでもいい。「自分にしかできないこと」は、他人から必要とされるのに十分な理由になる。ポジションを取り、他の誰でもない〝個〟の価値を叫ぶのだ。

最後に、ＩＢＭの初代社長トーマス・Ｊ・ワトソンの言葉を贈ろう。

「不確かな持論を持つ思想家の道を辿れ。自らの考えを論争の脅威にさらけ出せ。率直に意見を述べ、変わり者のレッテルよりも、従順という汚名を恐れよ。そして、自分にとって重要に見える問題のために、立ち上がり、どんな困難にも立ち向かえ」

過去を振り返るな、未来に期待するな

「部下から裏切られたり、信頼してる人から裏切られて辛くないですか？」「彼らを恨んでないですか？」という質問をよく受ける。おそらく、僕が失敗の多い激動の人生を送ってきたと思っているのだろう。

たしかに、過去にはそうしたこともあった。しかし、僕は悪いことは忘れることにしている。

過去を悔やんでも、よいことは何一つないからだ。

チャレンジをすると、失敗をすることもあるだろう。ただ、逆をいえばチャレンジなくして成功もありえない。

もし失敗したら、２度と同じ失敗をしないように再発防止策をとればいいだけのこと。次はどういった行動をすればいいのか考え、納得できたら酒でも飲んで、次の日にはさっぱり忘れる。そして、これから自分たちがチャレンジしていくことは「必ずうまくいく」と思い込めばいい。

商売が成功する基本的な秘訣は１つだけだ。すなわち、成功するまでやり続けるということ。市場原理があるようでないので、１００回もやれば大体成功するのだ。

また、小学校の授業で「徳政令」というのを習った。要は借金を帳消しにする制度なのだが、ファイナンス的には非常に合理的な仕組みで、ゼロリセットができるので何回もチャレンジできるのだ。今はこれと似た制度に「自己破産」がある。

かつては、何かにチャレンジするためには、様々なハードルがあった。家柄や学歴、財産、才能、人脈、経験、資格、教養——。今や、そんなものは何一つ持っていなくていい。勇気を持って、自信を持って、一歩踏み出せ。

そもそもみんな未来のことを考えすぎる。僕は未来のことなんて考える暇もない。1年後だってわからない。今がすべてなのだ。

本書を最後まで読んでくれた皆さんに、僕からメッセージを送る。

「未来を恐れず、過去に執着せず、今を生きろ」

＊1 **統計の外側へ向かうリスクテイク** 序盤で述べたブルー・オーシャン戦略と近い考え方。今までの統計的には考えられなかった、機械を導入するというリスクをここではとっている。

＊2 **「時代の速度が上がる」** 再学習などの作業のオーバーラップを減らしていけば自由に使える時間が増えるため、時代の速度は加速度的に上昇する。

＊3 **「未来」に対してのアービトラージ** 未来という万人にとって同一価格の商品を用いて、その価格を予想した上で取引すること。

＊4 **わらしべ長者的** 目的やビジョンを持たず、目の前の問題から目を背けずに、逐次的に問題を解決することによってビジョンを構成する考え方。

＊5 **ディスパッチ** やるべきことを適材適所に割り振ること。

＊6 **統計的判断に足りないリスクとデンジャーのパターンはまだ膨大だからだ。** 多くのデータが集まっていないが故に、また必要な量のリスクやデンジャーを学習するのが難しいために統計的判断が行なえず代替が難しいということ。

＊7 **戦略的に「まだら」** 多様性重層性によって戦略を構築すること。

＊8 **アーティスト的** 自分の中に金銭的、金融的なもので計れない人類の叡智と試行錯誤の結晶による価値資本を生み出していっている、という面から。

＊9 **レバレッジ** てこ。

＊10 **アートによる複雑性** アートにはオークションやギャラリーによって値付けられる金融的・金銭的なものに縛られるだけではないだけの文化価値がある。アートは市場価値のみならず人類の叡智と試行錯誤の結晶という意味で多様な価値を見いだすことができるので、ここでは複雑性という言葉を用いている。

＊11 **自然、侘び然び、デジタルネイチャー、映像と物質**
自然：人間を自然と対峙させずに、人間も自然の1つという自然との共存的な考え方が東洋的な自然観。
侘び然び：古来からの日本的美であるところの侘び然び。
デジタルネイチャー：人と機械、物質と実質の間に多様な選択肢を示し、コードによるガバナンスが行なわれる。デジタルの存在自体が人間にとっては自然に近くなりうるという僕が提唱している考え方。解像度的に区別がつかず、物理法則のようにコードを定めると、あとは人智の外側で処理が進んでいくような「新たな自然」。
映像と物質：イメージ＝移ろうかすかなこと（幽）、物質＝根源的で確かなこと（玄）からなる日本語的「美」の言語化＝幽玄。質量を持たない映像と解像度の高い物質の対比。

＊12 **「シンギュラリティ」** ２０４５年に人工知能が人の知能を超えるといわれているが、それになぞらえて気づいたときにはもうすでに遅かったというような状況のことをここではシンギュラリティと呼んでいる。

おわりに

ポジティブに21世紀を拓くために

落合陽一

堀江さんの話は、いつも刺激的だ。今回は僕もつられて、必要以上にぶっちゃけトークをしてしまった。本書を読んでくれた人はおわかりだと思うが、リップサービスなしの〝本音の本音〟が随所に盛り込まれていたのではないだろうか。「対談しながらの制作」であったために、一部文字起こしに際して意味が消失したり、語り落としたりしたところはご愛嬌でお願いしたい。ライターさんも日々頑張っているのである。

Chapter0では経営者として、ＡＩの作り手側の人間として、変わりゆく社会のありさまを説明させていただいた。ＡＩが人間の仕事を奪うことは変えようのない事実であり、そうした未来がすでに始まっていることも、率直なところで話せているのではないかと思う。

そして変わりゆく社会の全貌を、できる限りわかりやすく詳細に述べた。もしかすると、少し皆さんの不安を煽ってしまったかもしれない。だが、実はその未来が非常に明るいことも正直に述べた。本書をここまで読んでくれた皆さんは、きっと今から〝AIを使いこなす人間〟へとマインドセットが切り替わっているだろう。

Chapter2・3では、これから「なくなる仕事」と「生まれる仕事」をいくつか提示したが、あくまで参考程度にしてもらって構わない。堀江さんが言う通り、「なくなる可能性」なんてものは血液型占い程度の信憑性しかないと考えている。

本質的に重要なのは、「価値ある仕事に就く」のではなく、「価値ある仕事を創出する」主体性だ。また、Chapter6で述べた、これからの時代をサバイブする「2つの戦略」は強く意識してほしい。僕が過去に上梓した『超AI時代の生存戦略』(大和書房)を引き合いに出しながら説明しているので、かなり学びの多い内容になっていると思う。

ツイッターをフォローしてくれている人はご存じだと思うが、僕は最近、仮想通貨の運用を行なっている。Chapter4でお金の本質を述べ、これからは貨幣中心の経済が崩壊していく未来を説明したが、背景にはそうした理由がある。貨幣貧乏なのはまだいいが、信用貧乏になってしまうと、数年後には少し苦しい人生が待ち受けているかもしれない。Chapter2・3で解説した働き方の未来と照らし合わせながら、再び本書を辞書的に手にとってほしい。

誰だって幸せな人生を送りたいはず。だから、この本を手にとった皆さんが未来に悲観するのではなく、変わりゆく現在に思いを馳せるように心持ちが変化してくれればと思う。

本書を制作するにあたり、堀江さんとの対談を何度か行なったが、最終日には「まだまだ足りない」と思うくらいに楽しかったことを覚えている。この興奮が、皆さんにも伝わると、筆者としてこれ以上に嬉しいことはない。

堀江さんと本を出すのは僕の夢の1つでもあった。初めてこうして形になったことは、僕の人生において忘れられない思い出になるだろう。

最後に、ライターの長谷川君と編集の多根さんに最大の敬意を。願わくば、次の時代をつくる人々が、時折振り返る本になってほしい。

2018年3月

参考図書等

『LIFE SHIFT』（リンダ・グラットン、アンドリュー・スコット著　池村千秋訳　東洋経済新報社）
『サピエンス全史　上・下』（ユヴァル・ノア・ハラリ著　柴田浩之訳　河出書房新社）
『誰が日本の労働力を支えるのか？』（寺田知太、上田恵陶奈、岸浩稔、森井愛子著　東洋経済新報社）
『人間機械論』（ノーバート・ウィーナー著　鎮目恭夫・池原止戈夫訳　みすず書房）
『一生学び続ける人の学び方』（本山勝寛著　かんき出版）
『千と千尋の神隠し』（スタジオジブリ　宮崎駿監督・脚本　ブエナ・ビスタ・ホームエンターテイメントDVD販売）
『バディドッグ』（細野不二彦　小学館）
『ゼロ』（堀江貴文　ダイヤモンド社）
『本音で生きる』（堀江貴文　SBクリエイティブ）
『多動力』（堀江貴文　幻冬舎）
『好きなことだけで生きていく』（堀江貴文　ポプラ社）
『すべての教育は洗脳である』（堀江貴文　光文社）
『99%の会社はいらない』（堀江貴文　ベストセラーズ）
『むだ死にしない技術』（堀江貴文　マガジンハウス）
『人生論』（堀江貴文　ロングセラーズ）
『魔法の世紀』（落合陽一　PLANETS）
『これからの世界をつくる仲間たちへ』（落合陽一　小学館）
『超AI時代の生存戦略』（落合陽一　大和書房）
『日本再興戦略』（落合陽一　幻冬舎）

落合陽一（おちあい よういち）

メディアアーティスト、博士（学際情報学／東京大学）。筑波大学准教授・学長補佐、
筑波大学デジタルネイチャー推進戦略研究基盤基盤長。Pixie Dust Technologies, Inc. CEO。
VRコンソーシアム理事。一般社団法人未踏理事。電通ISIDメディアアルケミスト。博報堂プロダクツフェロー。
1987年東京都生まれ。筑波大学でメディア芸術を学び、情報学群情報メディア創成学類を卒業。
大学院ではヒューマンインターフェース工学およびコンピュータグラフィクスを専攻し、
東京大学学際情報学府にて博士号を取得（学際情報学府初の早期修了者）など。
著書に『魔法の世紀』（Planets）、『超AI時代の生存戦略』（大和書房）、『日本再興戦略』（幻冬舎）など。

堀江貴文（ほりえ たかふみ）

1972年福岡県八女市生まれ。実業家。SNS media&consulting株式会社ファウンダー。
現在は宇宙ロケット開発や、スマホアプリ「TERIYAKI」「755」「マンガ新聞」のプロデュースを手掛けるなど
幅広く活動を展開。有料メールマガジン「堀江貴文のブログでは言えない話」は1万数千人の読者を持ち、
2014年には会員制のコミュニケーションサロン「堀江貴文イノベーション大学校」（http://salon.horiemon.com/）
をスタート。『ゼロ』（ダイヤモンド社）40万部超、『本音で生きる』（SBクリエイティブ）30万部超などの
ベストセラーがある。近著に『多動力』（幻冬舎）、『好きなことだけで生きていく。』（ポプラ社）、
『すべての教育は洗脳である』（光文社新書）など。

10年後の仕事図鑑（ねんごのしごとずかん）

2018年 4月13日 初版第1刷発行
2019年 2月27日 初版第14刷発行

著　　者　落合陽一・堀江貴文

発 行 者　小川淳
発 行 所　SBクリエイティブ株式会社
〒106-0032　東京都港区六本木2-4-5　電話：03-5549-1201（営業部）

編集協力　長谷川リョー
イラスト　須山奈津希
装　　丁　寄藤文平＋吉田考宏（文平銀座）
D T P　株式会社キャップス
校　　正　新田光敏　HIU（堀江貴文イノベーション大学校／大澤昌也・川田誠・川野兼人・蒔苗太一・吉田陸仁）
編集担当　多根由希絵
印刷・製本　三松堂株式会社

ISBN 978-4-7973-9457-3